W0195766

Joseph Kardinal Ratzinger
Bilder der Hoffnung

Joseph Kardinal Ratzinger
Bilder der Hoffnung

Wanderungen im Kirchenjahr

Herder

Freiburg · Basel · Wien

Joseph Kardinal Ratzinger

Geboren am 16. April 1927 in Marktl am Inn;

1951 Priesterweihe;

1959-1977 o. Professor für Dogmatik in Bonn, Münster,
Tübingen und Regensburg;

Konzilstheologe;

1977-1982 Erzbischof von München und Freising;

seit November 1981 Präfekt der römischen Kongregation
für die Glaubenslehre.

Zweite Auflage 1997

Inhalt

Vorwort

Im Lauf meiner römischen Jahre wurde ich immer wieder vom Bayerischen Rundfunk zu Meditationen an den Höhepunkten des Kirchenjahres eingeladen. Meist wurde mir dabei vorgeschlagen, eines der großen Bilder auszulegen, an denen die Kirchen Roms so reich sind. Beim Herannahen meines 70. Geburtstages schlug mir mein Bruder vor, diese Texte einmal zu sammeln und zu sehen, ob sich nicht ein kleiner Band daraus formen ließe, der die Bilder und Gedanken, die sich so zusammenfügten, über den Augenblick der Begegnung in Funk oder Fernsehen hinaus festhalten und eine Hilfe zum inneren Verstehen der christlichen Feste bieten könne. Der Plan wurde mit dem kirchlichen Beauftragten beim Bayerischen Rundfunk, Prälat Willibald Leierseder, der die meisten Meditationen initiiert und die Bilder ausgesucht hatte, sowie dem Verlag Herder besprochen. So ist schließlich dieses kleine Buch entstanden, das gewiß von Zufälligkeiten nicht frei ist, aber vielleicht doch helfen kann, jene Botschaft der Hoffnung wieder deutlicher zu vernehmen und jenes innere Schauen wieder zu lernen, das wir gerade in der Flut der Bilder und der Angebote, die auf uns einstürmen, oft so schmerzlich vermissen.

Mein Dank gilt vor allem meinem Bruder, Domkapellmeister em. Georg Ratzinger, ohne dessen beharrlichen Zuspruch ich an diese Sammlung nicht herangegangen wäre. Er gilt Herrn Prälaten Leierseder und den Verantwortlichen des Bayerischen Rundfunks, die Themen und Bilder für die Meditationen vorgegeben haben. Er gilt dem Verlag Herder, der alle Sorgfalt darauf verwendet hat, daß die Leserinnen und Leser mit Freude zu diesem kleinen Buch greifen können.

Rom, am Fest des heiligen Augustinus 1996
Joseph Kardinal Ratzinger

Tafel 1: *Verkündigung.*
Mosaik vom Triumphbogen der Basilika Santa Maria Maggiore, Rom.

Tafel 2: *Himmelfahrt Christi.*
Griechische Ikone aus dem 17. Jahrhundert.

Tafel 3: *Heilige Dreieinigkeit.*
Kuppelfresko in der Vorhalle zur Trapeza im Kloster Dochiariou,
Athos, 16. Jahrhundert.

Tafel 4: *Mosaik aus der Apsis der Kirche S. Clemente zu Rom (Detail).*

Tafel 5: *Hilfesuchende Gläubige am Grab des hl. Wolfgang in Regensburg, Gemälde von Jan Pollak, um 1500.*

Tafel 6: *Beweinung. Mitteltafel des Altarretabels,*
S. Maria della Pietà, Campo Santo Teutonico, Rom.

14

Tafel 7: *Fresko (Mutter mit Sohn) aus dem Coemeterium Maius, Rom,*
erste Hälfte des 2. Jahrhunderts.

Tafel 8: *Ochs und Esel an der Krippe.*
Detail der »Hadamarer Krippe«,
geschaffen von Helmut Piccolruaz.

Weihnachten
Ochs und Esel an der Krippe

Zu Weihnachten wünschen wir uns von Herzen, daß uns diese festliche Zeit inmitten aller Hektik der Gegenwart ein wenig Besinnung und Freude, Berührung mit der Güte unseres Gottes und so neuen Mut zum Weitergehen schenke. Zu Beginn einer kleinen Besinnung darüber, was dieses Fest uns heute sagen kann, mag ein kurzer Blick auf die Entstehung der Weihnachtsfeier hilfreich sein.

Das Festjahr der Kirche hat sich zunächst nicht vom Blick auf die Geburt Christi, sondern vom Glauben an seine Auferstehung her entwickelt. So ist das Urfest der Christenheit nicht Weihnachten, sondern Ostern. Denn in der Tat hat erst die Auferstehung den christlichen Glauben begründet und Kirche werden lassen. Deswegen nennt schon Ignatius von Antiochien (gestorben spätestens 117 n. Chr.) die Christen diejenigen, die »nicht mehr den Sabbat halten, sondern nach dem Tag des Herrn leben«: Christsein heißt österlich leben, von der Auferstehung her, die im wöchentlichen Osterfest des Sonntags begangen wird. Daß Jesus am 25. Dezember geboren wurde, hat mit Sicherheit zum ersten Mal Hippolyt von Rom in seinem etwa im Jahr 204 n. Chr. geschriebenen Daniel-Kommentar festgestellt; der frühere Baseler Exeget Bo Reicke hat darüber hinaus auf den Festkalender hingewiesen, nach dem im Lukasevangelium die Erzählungen von der Geburt des Täufers und der Geburt Jesu aufeinander bezogen sind. Daraus würde folgen, daß schon Lukas in seinem Evangelium den 25. Dezember als Geburtstag Jesu voraussetzt. An diesem Tag wurde damals das von Judas Makkabäus im Jahr 164 v. Chr. eingeführte Tempelweihefest begangen, und das Geburtsdatum Jesu würde so zugleich symbolisieren, daß mit ihm, der als Gottes Licht in der Winternacht aufging, wahrhaft Tempelweihe – Ankunft Gottes inmitten dieser Erde – sich ereignete.

Wie dem auch sei, deutliche Gestalt hat das Weihnachtsfest in der Christenheit erst im 4. Jahrhundert angenommen, als es das römische Fest des unbesiegten Sonnengottes verdrängte und die Geburt Christi als den Sieg des wahren Lichtes verstehen lehrte; daß in dieser Umschmelzung einer heidnischen Feier in ein christliches Hochfest doch schon alte jüdisch-christliche Überlieferung aufgenommen wurde, ist aus den Notizen Bo Reickes deutlich geworden.

Die besondere menschliche Wärme, die uns am Weihnachtsfest so sehr berührt, daß es im Herzen der Christenheit Ostern weithin überflügelt hat, hat sich allerdings erst im Mittelalter entwickelt; und hier war es Franz von Assisi, der aus seiner tiefen Liebe zum Menschen Jesus, zum Gott-mit-uns, dies Neue heraufführen half. Sein erster Biograph, Thomas von Celano, erzählt in seiner zweiten Lebensbeschreibung folgendes: »Mehr als jedes andere Fest feierte er Weihnachten mit einer nicht zu beschreibenden Freude. Er sagte, dies sei das Fest der Feste, denn an diesem Tag ist Gott ein kleines Kind geworden und hat Milch gesaugt wie alle Menschenkinder. Franz umarmte – mit welcher Zärtlichkeit und Hingebung! – die Bilder, die das Kind Jesus darstellten, und stammelte voller Mitleid wie die Kinder Worte der Zärtlichkeit. Der Name Jesus war auf seinen Lippen süß wie Honig.«

Aus solcher Gesinnung heraus kam dann die berühmte Weihnachtsfeier in Greccio, zu der ihn sein Besuch im Heiligen Land und an der Krippe in Santa Maria Maggiore zu Rom angeregt haben mögen; was ihn bewegte, war das Verlangen nach Nähe, nach Wirklichkeit; war der Wunsch, Bethlehem ganz gegenwärtig zu erleben, die Freude der Geburt des Kindes Jesu unmittelbar zu erfahren und allen seinen Freunden mitzuteilen.

Von dieser Krippennacht erzählt Celano in der ersten Biographie in einer Weise, die die Menschen immer wieder bewegt und zugleich entscheidend dazu beigetragen hat, daß der schönste Weihnachtsbrauch – die Krippe – sich entfalten konnte. Wir können daher mit Fug sagen, daß die Nacht von Greccio der Christenheit das Weihnachtsfest ganz neu geschenkt hat, so daß seine eigene Aussage, seine besondere Wärme und Menschlichkeit, die Menschlichkeit unseres Gottes, sich den Seelen mitteilte und dem Glauben eine neue Dimension gab. Das Auferstehungsfest hatte den Blick auf die Macht Gottes gelenkt, die den Tod überwindet und uns auf die kommende Welt zu hoffen lehrt. Nun aber wurde die wehrlose Liebe Gottes, seine Demut und Güte sichtbar, die sich uns mitten in dieser Welt aussetzt und uns in ihr eine neue Art des Lebens und des Liebens lehren will.

Vielleicht ist es nützlich, hier noch einen Augenblick innezuhalten und zu fragen: Wo liegt denn eigentlich dieses Greccio, das so für die Geschichte des Glaubens eine ganz eigene Bedeutung erlangt hat? Es ist ein kleiner Ort im Rieti-Tal in Umbrien, nicht allzu weit nordöstlich von Rom gelegen. Seen und Berge geben diesem Landstrich seinen besonderen Reiz und seine stille Schönheit, die uns auch heute noch immer anrührt, zumal sie von der Unrast des Tourismus kaum berührt ist. Der Konvent von Greccio, in 638 m Höhe gelegen, hat etwas von der Einfachheit der Ursprünge bewahrt; er ist bescheiden geblieben wie das Dörflein zu seinen Füßen; der Wald umgibt ihn wie zu Zeiten des Poverello und lädt zum schauenden Verweilen ein. Celano sagt darüber, Franz habe die Bewohner dieses Fleckens besonders geliebt wegen ihrer Armut und ihrer Einfachheit; er sei oft hierher gekommen, um sich auszuruhen, angezogen auch durch eine Zelle von extremer Armut und Abgeschiedenheit, in der er sich ungestört der Beschauung der himmlischen Dinge hingeben konnte. Armut – Einfachheit – Schweigen der Menschen und Sprechen der Schöpfung: Das waren offenbar die Eindrücke, die sich für den Heiligen von Assisi mit diesem Ort verbanden. So konnte er zu seinem Bethlehem werden und das Geheimnis von Bethlehem neu in die Geographie der Seelen einschreiben.

Aber kehren wir zur Weihnacht von 1223 zurück. Das Gelände in Greccio war dem Armen von Assisi zur Verfügung gestellt worden von einem adeligen Herrn namens Johannes, von dem Celano berichtet, daß er trotz seiner hohen Abstammung und seiner bedeutenden Stellung »dem Adel des Blutes keinerlei Bedeutung beimaß und vielmehr denjenigen der Seele zu erreichen wünschte«. Deshalb habe Franz ihn geliebt.

Von diesem Johannes nun heißt es bei Celano, daß ihm in jener Nacht die Gnade einer wunderbaren Vision zuteil wurde. Er sah auf dem Futtertrog unbeweglich ein kleines Kind liegen, das durch die Nähe des heiligen Franz aus seinem Schlaf gezogen wurde. Der Verfasser fügt hinzu: »Diese Vision entsprach wirklich dem, was geschah, denn das Kind Jesus war tatsächlich bis zur Stunde in vielen Herzen im Schlaf des Vergessens versunken. Durch seinen Diener Franz wurde die Erinnerung daran belebt und unzerstörbar dem Gedächtnis eingeprägt.«

In diesem Bild ist sehr genau die neue Dimension beschrieben, die Franz mit seinem Herz und Gemüt durchdringenden Glauben dem christlichen Weihnachtsfest geschenkt hat: die Entdeckung der Offenbarung Gottes, die gerade in dem Kind Jesus liegt. Gerade so ist Gott wahrhaft »Emmanuel« geworden, Gott-mit-uns, von dem uns keine Schranke der Hoheit und der Ferne trennt: Als Kind ist er uns so nahe geworden, daß wir ungescheut *du* zu ihm sagen, mit ihm in der Direktheit des Zugangs zum kindlichen Herzen auf du stehen können.

Im Kind Jesus ist die Wehrlosigkeit der Liebe Gottes am meisten offenkundig: Gott kommt ohne Waffen, weil er nicht von außen erobern, sondern von innen gewinnen, von innen her umwandeln will. Wenn irgend etwas den Menschen, seine Selbstherrlichkeit, seine Gewalttätigkeit, seine Habgier besiegen kann, dann die Schutzlosigkeit des Kindes. Gott hat sie angenommen, um uns so zu besiegen und zu uns selbst zu führen.

Vergessen wir dabei nicht, daß der höchste Würdetitel Jesu Christi »der Sohn« heißt – Sohn Gottes; die göttliche Würde wird mit einem Wort benannt, das Jesus als immerwährendes Kind erweist. Sein Kindsein steht in einer einzigartigen Entsprechung zu seiner Göttlichkeit, die die Göttlichkeit des »Sohnes« ist. So ist sein Kindsein Wegweisung, wie wir zu Gott, zur Vergöttlichung, kommen können. Von da aus ist sein Wort zu verstehen: »Wenn ihr nicht umkehrt und werdet wie die Kinder, könnt ihr nicht in das Himmelreich eingehen« (Mt 18,3).

Wer das Geheimnis von Weihnachten nicht verstanden hat, hat das Entscheidende am Christsein nicht verstanden.

Wer es nicht angenommen hat, kann in das Himmelreich nicht eingehen – das ist es, woran Franziskus die Christenheit seiner Zeit und jeder folgenden Zeit neu erinnern wollte.

In der Höhle von Greccio standen in der Heiligen Nacht gemäß der Anweisung des heiligen Franz Ochs und Esel. Zu dem adeligen Johannes hatte er nämlich gesagt: »Ich möchte in voller Wirklichkeit die Erinnerung an das Kind wachrufen, wie es in Bethlehem geboren wurde, und an alle Mühsal, die es in seiner Kindheit erdulden mußte. Ich möchte es mit meinen leiblichen Augen sehen, wie es war, in einer Krippe liegen und auf dem Heu schlafen, zwischen einem Ochsen und einem Esel.«

Seither gehören Ochs und Esel zu jeder Krippendarstellung. Aber woher kommen sie eigentlich? Die Weihnachtsgeschichten des Neuen Testamentes erzählen bekanntlich nichts davon. Wenn wir dieser Frage nachgehen, stoßen wir auf einen Sachverhalt, der für das ganze weihnachtliche Brauchtum, ja überhaupt für die weihnachtliche und österliche Frömmigkeit der Kirche in Liturgie und Volksbrauch gleichermaßen wichtig ist.

Ochs und Esel sind nicht einfach Produkte frommer Phantasie; sie sind durch den Glauben der Kirche an die Einheit von Altem und Neuem Testament zu Begleitern des weihnachtlichen Geschehens geworden. In Jes 1,3 steht nämlich: »Seinen Eigentümer erkennt ein Ochse, ein Esel die Krippe seines Herrn; Israel aber hat keine Erkenntnis, mein Volk hat keinen Verstand.«

Die Kirchenväter sahen in diesen Worten eine prophetische Rede, die auf das Neue Gottesvolk, die Kirche aus Juden und Heiden, vorausweist. Vor Gott waren alle Menschen, Juden und Heiden, wie Ochsen und Esel, ohne Vernunft und

Erkenntnis. Aber das Kind in der Krippe hat ihnen die Augen aufgetan, so daß sie nun die Stimme des Eigentümers, die Stimme ihres Herrn erkennen.

In den mittelalterlichen Weihnachtsdarstellungen fällt immer wieder auf, wie den beiden Tieren fast menschliche Gesichter gegeben sind, wie sie wissend und verehrend vor dem Geheimnis des Kindes stehen und sich beugen. Das war nur logisch, denn die beiden Tiere galten als die prophetische Chiffre, hinter der sich das Geheimnis der Kirche verbirgt – unser Geheimnis, die wir Ochsen und Esel dem Ewigen gegenüber sind – Ochsen und Esel, denen in der Heiligen Nacht die Augen aufgehen, so daß sie in der Krippe ihren Herrn erkennen.

Aber erkennen wir ihn wirklich? Wenn wir Ochs und Esel in die Krippe stellen, muß uns das *ganze* Jesaja-Wort in den Sinn kommen, das ja nicht nur Evangelium – Verheißung kommender Erkenntnis –, sondern auch Gericht über gegenwärtige Verblendung ist. Ochs und Esel erkennen, »Israel aber hat keine Erkenntnis, mein Volk hat keinen Verstand«.

Wer ist heute Ochs und Esel, wer »mein Volk«, das ohne Verstand ist? Woran erkennt man Ochs und Esel, woran »mein Volk«? Warum überhaupt ist es so, daß die Unvernunft erkennt und die Vernunft blind ist?

Um Antwort zu finden, müssen wir mit den Kirchenvätern noch einmal zum ersten Weihnachten zurückkehren. Wer erkannte nicht? Und wer erkannte? Und warum war es so?

Nun, wer nicht erkannte, das war Herodes, der auch nichts begriff, als ihm von dem Kind erzählt wurde, sondern der von seiner Herrschsucht und dem ihr zugehörenden Verfolgungswahn nur um so tiefer verblendet wurde (Mt 2,3). Wer nicht erkannte, das war »ganz Jerusalem mit ihm« (ebd.). Wer nicht erkannte, das waren die Menschen in weichen Kleidern – die feinen Leute (Mt 11,8). Wer nicht erkannte, das waren die gelehrten Herren, die Bibelkundigen, die Spezialisten der Schriftauslegung, die zwar genau die richtige Bibelstelle wußten, aber dennoch nichts begriffen (Mt 2,6).

Wer erkannte, das waren – verglichen mit diesen renommierten Leuten, »Ochs und Esel«: die Hirten, die Magier, Maria und Josef. Konnte es anders sein? Im Stall, wo das Kind Jesus ist, da sind die feinen Leute nicht, da sind eben Ochs und Esel zu Hause.

Wie aber steht es mit uns? Sind wir deshalb vom Stall so weit entfernt, weil wir viel zu fein und zu gescheit dafür sind? Verfangen wir uns nicht auch in gelehrter Bibelauslegung, in Nachweisen der Unechtheit oder des echten historischen Platzes so sehr, daß wir für das Kind selbst blind geworden sind und nichts von ihm vernehmen? Sind wir nicht auch allzusehr in »Jerusalem«, im Palast, eingehaust in uns, unsere Selbstherrlichkeit, unsere Verfolgungsangst, als daß wir nächtens die Stimme der Engel hören, hingehen und anbeten könnten?

So schauen uns in dieser Nacht die Gesichter von Ochs und Esel fragend an: Mein Volk ist ohne Verstand, begreifst *du* die Stimme deines Herrn? Wenn wir die vertrauten Figuren in die Krippe stellen, sollten wir Gott darum bitten, daß er unserem Herzen jene Einfachheit gibt, die im Kind den Herrn entdeckt – wie einst Franziskus in Greccio. Dann könnte auch uns geschehen, was Celano – ganz nah an den Worten des heiligen Lukas über die Hirten der ersten Heiligen Nacht (Lk 2,20) – von den Teilnehmern an der Mette in Greccio erzählt: Jeder kehrte nach Hause zurück, voller Freude.

Weihnachten
Die Botschaft der Basilika Santa Maria Maggiore zu Rom
(Tafel 1, Seite 9)

Sooft ich aus den lärmenden Straßen Roms kommend die Basilika Santa Maria Maggiore betrete, fühle ich mich an die Einladung des Psalmisten erinnert: »Werdet still und seht« (Ps 46,11). Wenn nicht gerade im Sommer Scharen von Touristen die Kirche durcheilen und sie selbst zu einer Art Straße machen, geht vom geheimnisvollen Dämmer dieses Raumes eine Einladung zum Stillewerden, zur Sammlung und zum Schauen aus, die das Laute des Alltags wie von selbst gewichtlos werden läßt. Es ist, als ob das Beten der Jahrhunderte anwesend geblieben wäre, um uns nun mit auf den Weg zu nehmen. Die stilleren Bereiche der Seele, die sonst vom Sog der Sorgen und Alltäglichkeiten weggedrängten, werden frei, wenn wir uns dem Rhythmus dieses Gotteshauses und seiner Botschaft überlassen.

Was aber ist diese Botschaft? Wer so fragt, ist wohl schon in Gefahr, sich dem besonderen Anruf zu entziehen, der ihn in diesem Raum treffen möchte. Man kann seine Aussage nicht in eine schnell abrufbare Lexikonantwort umsetzen. Zu ihr gehört es, daß sie das Heraustreten aus dem Kreuzfeuer der Verhöre verlangt und uns stattdessen zu einem Verweilen ruft, in dem Hören und Sehen des Herzens erwachen; zu einem Verweilen, das über das schnell zu Greifende und dann auch wieder Wegzuwerfende hinausführt. So möchte ich Sie – statt einer Antwort in Formeln und Begriffen – dazu einladen, mit mir auf zwei Bilder dieser Kirche hinzuschauen und im eigenen Bleiben davor sich von ihnen sagen zu lassen, was ich nur ungenügend in Worte übersetzen kann.

Da ist zunächst etwas sehr Merkwürdiges. Diese Kirche ist eine Weihnachtskirche. Sie will als Bauwerk die Einladung des Engels an uns weitergeben, die zuerst den Hirten galt: »Siehe, ich verkünde euch eine große Freude, die dem ganzen Volk zuteil werden soll. Euch ist heute ein Retter geboren, der da ist Christus, der Herr...« (Lk 1,10f). Zugleich aber möchte uns dieses Gotteshaus in die Antwort der Hirten hineinnehmen: »Gehen wir hin und sehen wir das Wort, das da geschehen ist, das der Herr uns kundgetan hat« (Lk 1,15). So würde man wohl erwarten, daß das Bild der Heiligen Nacht Mitte dieses Raumes und seiner Wege sei. Tatsächlich ist es so und ist es doch auch wieder nicht so.

Die Mosaiken auf den beiden Längsseiten des Kirchenschiffs legen sozusagen die ganze Geschichte als Prozession der Menschheit zum Erlöser aus. In der Mitte, über dem Triumphbogen, am Zielpunkt der Wege, an dem die Geburt Christi dargestellt sein müßte, finden wir stattdessen nur einen leeren Thron und auf ihm eine Krone, einen Herrschermantel und das Kreuz; auf dem Fußschemel liegt wie ein Kissen das Bündel der Geschichte, von sieben roten Fäden zusammengehalten. Der leere Thron, das Kreuz und ihm zu Füßen die Geschichte – das ist das Weihnachtsbild dieser Kirche, die das Bethlehem Roms sein wollte und will. Warum eigentlich? Wenn wir die Aussage des Bildes verstehen wollen, müssen wir uns zunächst daran erinnern, daß der Triumphbogen über der Krypta steht, die ursprünglich als Nachbildung der Höhle von Bethlehem gebaut wurde, in der Christus zur Welt kam. Hier wurde und wird auch die Reliquie verehrt, die der Überlieferung als die Krippe von Bethlehem gilt. So wird hier unvermittelt die Prozession der Geschichte, der ganze Prunk der Mosaiken heruntergerissen in die Höhle, in den Stall; die Bilder fallen herab in die Wirklichkeit. Der Thron ist leer, denn der Herr ist heruntergestiegen in den Stall. Das zentrale Mosaik, auf das alles zugeht, ist gleichsam nur die Hand, die uns hingehalten wird, um den Sprung von den Bildern zur Wirklichkeit zu finden. Der Rhythmus des Raumes reißt uns in einen jähen Umbruch hinein, wenn er uns aus der glanzvollen Welt der höchsten Höhe antiker Kunst in den Mosaiken unmittelbar in die Tiefe der Höhle, des Stalles drängt. Es ist der Übergang von der religiösen Ästhetik in den Akt des Glaubens, in den er uns hineinführen will.

Das Stillewerden in diesem Bau der Jahrhunderte, das Ergriffenwerden von der Schönheit und Größe seiner Schauungen, das ahnungsvolle Berühren des Großen, des ganz anderen, des Ewigen – das ist das erste, was uns die Berührung mit dieser Kirche schenkt, und es ist etwas Hohes und Edles, dessen wir gerade heute bedürfen. Aber es ist nicht das Ganze. Es bliebe ein schöner Traum, ein vorbeiziehendes Gefühl ohne Verbindlichkeit und daher ohne Kraft, wenn wir uns nicht mitnehmen lassen zu dem nächsten Schritt – zum Ja des Glaubens. Dann erst wird noch ein Weiteres deutlich: Die Höhle ist nicht leer. Ihr eigentlicher Inhalt ist nicht die Reliquie, die als Krippe von Bethlehem aufbewahrt wird. Ihr eigentlicher Inhalt ist die Mitternachtsmesse zur Geburt Christi. Erst da geschieht endgültig der Übergang in die Wirklichkeit. Erst da sind wir beim Weihnachtsbild angelangt, das kein Bild mehr ist. Nur wenn wir uns von der Botschaft des

Raumes bis dahin führen lassen, gilt wieder ganz neu: *Heute* ist euch der Heiland geboren. Ja, wirklich heute.

Mit solchen Gedanken können wir uns nun zu dem anderen Bild von Santa Maria Maggiore wenden, das ich Ihnen kurz vorstellen möchte – zu dem uralten Marienbild, das unter dem Titel »Salus populi Romani« in der Cappella Borghese aufbewahrt wird. Um seine Anrede an den Besucher, an uns, zu verstehen, müssen wir uns noch einmal an die Grundaussage dieser Kirche erinnern. Sie ist eine Weihnachtskirche, hatten wir gesagt, gleichsam als Schale herumgebaut um den Stall von Bethlehem, der hier seinerseits als Bild der Welt und der Kirche Gottes verstanden ist, zugleich aber die Überschreitung aller Bilder und alles bloß Ästhetischen verlangt.

Nun könnte jemand einwenden, dies sei doch nicht eine Weihnachtskirche, also eine Christuskirche, sondern eine Marienkirche, die erste Marienkirche Roms und des Westens überhaupt. Eine solche Entgegensetzung würde indes zeigen, daß der so Fragende genau das Wesentliche sowohl an der Marienfrömmigkeit der Kirche wie am Weihnachtsgeheimnis nicht verstanden hat. Weihnachten hat im inneren Gefüge des christlichen Glaubens eine Bedeutung sehr eigener Art. Wir feiern es nicht, so wie man sich auch sonst an die Geburtstage großer Männer erinnert, weil auch unser Verhältnis zu Christus sehr anders ist als die Verehrung, die wir großen Männern entgegenbringen. Was an ihnen interessiert, ist ihr Werk: die Gedanken, die sie gedacht und geschrieben haben, die Kunstwerke, die sie geschaffen, und die Einrichtungen, die sie hinterlassen haben. Dieses Werk gehört ihnen und ist nicht das Werk ihrer Mütter, die uns nur insoweit interessieren, als von ihnen ein Element zur Erklärung des Werkes kommen kann.

Aber Christus zählt für uns nicht nur durch sein Werk, durch das, was er getan hat, sondern vor allem durch das, was er war und was er ist – in der Ganzheit seiner Person. Er zählt für uns anders als jeder andere Mensch, weil er nicht bloß Mensch ist. Er zählt, weil in ihm Erde und Himmel sich berühren und so in ihm Gott für uns als Mensch berührbar ist. Die Kirchenväter haben Maria die heilige Erde genannt, aus der er als Mensch geformt wurde, und das Wunderbare ist, daß Gott für immer in Christus mit der Erde in Verbindung bleibt. Augustinus hat den gleichen Gedanken einmal so ausgedrückt: Christus wollte keinen menschlichen Vater, um seine Sohnschaft zu Gott sichtbar zu halten, aber er wollte eine menschliche Mutter: »Das männliche Geschlecht wollte er aufnehmen in sich und das weibliche würdigte er sich, zu ehren in seiner Mutter... Wäre Christus der Mann erschienen ohne Empfehlung des Frauengeschlechts, so müßten die Frauen an sich verzweifeln... Er aber ehrte beide, empfahl beide, nahm beide auf. Von der Frau ist er geboren. Verzweifelt nicht, Männer: Christus würdigte sich, Mann zu sein. Verzweifelt nicht, Frauen: Christus würdigte sich, von der Frau geboren zu werden. Zum Heil wirken beide Geschlechter zusammen: Es komme das Männliche, es komme das Weibliche – im Glauben besteht weder Mann noch Frau.«

Drücken wir es noch einmal anders aus: Im Drama des Heils ist es nicht so, daß Maria eine Rolle abzuspulen hätte, um dann abzutreten, wie jemand, dessen Passus zu Ende ist. Die Menschwerdung aus der Frau ist nicht eine Rolle, die nach kurzer Zeit erledigt ist, sondern das bleibende Sein Gottes mit der Erde, mit dem Menschen, mit uns, die wir Erde sind. Darum ist das Weihnachtsfest ein Marienfest und ein Christusfest zugleich, und darum muß eine rechte Weihnachtskirche eine Marienkirche sein. Mit solchen Gedanken sollten wir das uralte, geheimnisvolle Bild ansehen, das die Römer *Salus populi Romani* nennen. Nach der Überlieferung ist es das Bild, das Gregor der Große im Jahr 590 bei einer Prozession durch die Straßen Roms trug, als die Pest die Stadt folterte. Am Ende der Prozession erlosch die Seuche, Rom war wieder gesund geworden. Der Name des Bildes will uns sagen: An ihm kann Rom, von ihm her können die Menschen immer wieder gesund werden. Aus dieser zugleich jugendlichen und ehrwürdigen Gestalt, aus ihren wissenden und gütigen Augen blickt uns die mütterliche Güte Gottes an. »Ich will euch trösten, wie eine Mutter tröstet«, sagt Gott zu uns durch den Propheten Jesaja (66,13). Das mütterliche Trösten vollzieht Gott offenbar am liebsten durch die Mutter, durch seine Mutter, und wen könnte es wundern? Vor diesem Bild fällt von uns die Selbstgerechtigkeit ab; es lösen sich die Verkrampfungen unseres Hochmuts, die Angst vor dem Gefühl und alles das, was uns inwendig krank macht. Depression und Verzweiflung beruhen darauf, daß der Haushalt der Gefühle in Unordnung gerät oder ganz aussetzt. Wir sehen nicht mehr das Warme, Tröstende, Gute und Rettende in der Welt – alles, was wir nur mit dem Herzen wahrnehmen können. In der Kälte eines Erkennens, dem seine Wurzel genommen ist, wird die Welt Verzweiflung. Darum macht das Annehmen dieses Bildes gesund. Es gibt uns die Erde des Glaubens und des Menschseins zurück, wenn wir seine Sprache von innen her annehmen, uns ihr nicht verschließen.

Das Zusammenspiel von Triumphbogen und Höhle lehrt uns den Überschritt von der Ästhetik zum Glauben, so hatten wir gesagt. Der Übergang zu diesem Bild kann uns nochmals einen Schritt weiterführen. Es hilft uns, Glauben aus der Anstrengung des Willens und des Verstandes zu lösen und ihn wieder hineinzugeben in das Ganze unseres Seins. Es schenkt uns die Ästhetik neu und größer zurück: Wenn wir dem Ruf des Erlösers gefolgt sind, können wir auch die Sprache der Erde neu empfangen, die er selbst angenommen hat. Wir dürfen uns der Nähe der Mutter öffnen, ohne Furcht vor falscher Sentimentalität und ohne Furcht, ins Mythische abzusinken. Mythisch und krank wird das alles nur dann, wenn wir es vom großen Zusammenhang des Geheimnisses Christi wegreißen. Dann kehrt das Weggedrängte als Esoterik in verworrenen Gestalten zurück, deren Verheißung leer und trügerisch ist. Im Bild der Mutter des Erlösers erscheint der wahre Trost – Gott ist uns zum Anrühren nahe, auch heute. Wenn wir im schauenden Verweilen in dieser Kirche dieses Trostes innewerden, dann ist ihre Botschaft heilend und verwandelnd in uns eingegangen.

Bekehrung des Apostels Paulus
Der Kämpfer und der Leidende

Am Aufgang zur Petersbasilika hat Papst Pius IX. im vergangenen Jahrhundert zwei machtvolle Figuren der Apostel Petrus und Paulus aufgestellt, beide leicht erkenntlich an ihren Attributen: die Schlüssel in der Hand des Petrus, das Schwert in den Händen Pauli. Wer ohne Kenntnis der Geschichte des Christentums die kraftvolle Gestalt des Völkerapostels betrachtet, könnte wohl zu der Meinung kommen, es handle sich um einen großen Feldherrn, um einen Krieger, der mit dem Schwert Geschichte gemacht und sich Völker unterworfen habe. So wäre er einer der vielen, die sich um den Preis des Blutes der anderen Ruhm und Reichtum geschaffen haben. Der Christ weiß, daß das Schwert in den Händen dieses Mannes die gegenteilige Bedeutung hat: Es ist das Werkzeug seiner Hinrichtung. Als römischer Bürger durfte er nicht, wie Petrus, gekreuzigt werden; er starb durch das Schwert. Aber auch wenn dies als eine noble Hinrichtungsart galt, so gehört er in der Weltgeschichte zu den Opfern der Gewalt und nicht zu den Tätern.

Wer sich in die Paulusbriefe vertieft, um in ihnen so etwas wie eine verborgene Autobiographie des Apostels zu finden, wird alsbald erkennen, daß mit dem Attribut des Schwertes, dem Werkzeug der Passion, nicht bloß etwas über die letzten Augenblicke im Leben des heiligen Paulus gesagt ist; das Schwert kann mit Recht als Attribut für sein Leben stehen:

»Ich habe den guten Kampf gekämpft«, sagt er im Angesicht des Todes, rückschauend auf den Weg seines Lebens, zu seinem Lieblingsschüler Timotheus (2 Tim 4,7). Von solchen Worten her ist Paulus gern als Kämpfer, als Tatmensch, ja, als Gewaltnatur beschrieben worden. Ein oberflächlicher Blick auf sein Leben scheint dem recht zu geben: In vier großen Reisen hat er einen bedeutenden Teil der damals bekannten Welt durchfahren und ist so wirklich zum Lehrer der Völker geworden, der das Evangelium Jesu Christi »bis an die Enden der Erde« trug. Mit seinen Briefen hat er die gegründeten Gemeinden zusammengehalten, ihren Aufbau vorangetrieben und ihren Bestand gefestigt. Temperamentvoll setzt er sich mit seinen Gegnern auseinander, an denen es nicht fehlte. Er wendet alle verfügbaren Mittel auf, um dem »Muß« der Verkündigung, das auf ihm liegt (1 Kor 9,16), so wirkungsvoll wie nur möglich zu genügen. So wird er immer wieder als der große Aktivist, als der Patron der Erfinder neuer Strategien der Seelsorge und der Mission dargestellt.

Das alles ist nicht falsch, aber es ist nicht der ganze Paulus; ja, wer ihn nur so sieht, läßt das Eigentliche an seiner Gestalt aus. Zunächst müssen wir festhalten, daß der Kampf des heiligen Paulus nicht der Kampf eines Karrieristen, eines Machtmenschen, schon gar nicht eines Herrschers und Eroberers war. Er war Kampf in der Weise, wie Teresa von Avila ihn schildert. Ihr Wort »Gott will und liebt beherzte Seelen« erläutert sie etwa mit dem folgenden Satz: »Das erste, was der Herr an seinen Freunden wirkt, wenn sie schwach werden, besteht darin, daß er ihnen Mut verleiht und die Furcht vor Leiden nimmt.« Mir kommt in diesem Zusammenhang eine gewiß einseitige und wohl auch ein wenig ungerechte Bemerkung von Theodor Haecker in den Sinn, die er während des Krieges in seinen Tag- und Nachtbüchern aufgezeichnet hat; sie kann uns jedenfalls helfen zu verstehen, worum es hier geht. Der Satz, den ich meine, lautet: »Manchmal kommt es mir vor, als habe man im Vatikan ganz und gar vergessen, daß Petrus nicht nur Bischof von Rom..., sondern auch Märtyrer war.« Der Kampf des heiligen Paulus war der Kampf eines Märtyrers, von Anfang an. Genauer gesagt: Am Anfang seines Weges hatte er zu den Verfolgern gehört und die Gewalt gegen die Christen betrieben. Vom Augenblick seiner Bekehrung an war er zu dem gekreuzigten Christus übergegangen und hatte selbst den Weg Jesu Christi gewählt. Er war kein Diplomat; wo er diplomatische Versuche machte, war ihm wenig Erfolg beschieden. Er war ein Mann, der keine andere Waffe hatte als die Botschaft Jesu Christi und den Einsatz seines eigenen Lebens für diese Botschaft. Schon im Philipperbrief (2,17) spricht er davon, daß sein Leben wie ein Trankopfer ausgegossen werde; am Abend seines Lebens, im letzten Wort an Timotheus (4,6), kehrt diese Formulierung noch einmal wieder. Paulus war ein Mensch, der bereit war, sich verwunden zu lassen, und das war seine eigentliche Stärke. Er hat sich selbst nicht geschont, nicht versucht, sich aus Ärger und Unannehmlichkeiten herauszuhalten, schon gar nicht, sich ein schönes Leben zu bereiten.

Das Gegenteil ist der Fall. Gerade, daß er sich selber stellte, sich nicht schonte, sich den Schlägen preisgab und sich verbrauchen ließ für das Evangelium, hat ihn glaubwürdig gemacht und die Kirche aufgebaut: »Ich möchte am liebsten aufbrauchen und aufgebraucht werden für eure Seelen«: Dieses Wort aus dem Zweiten Korintherbrief (12,15) legt das innerste Wesen dieses Menschen frei. Paulus war nicht der Meinung, daß Ärger zu vermeiden die Hauptaufgabe der

Pastoral sei, und er dachte nicht, daß ein Apostel vor allem eine gute Presse haben müsse. Nein, er wollte aufrütteln, den Schlaf der Gewissen aufreißen, und wenn es das Leben koste. Aus seinen Briefen wissen wir, daß er alles andere als ein großer Redner war. Den Mangel an Rednertalent hatte er mit Mose gemein und mit Jeremia, die sich beide Gott gegenüber damit verteidigten, daß sie auf Grund mangelnder Rednergabe für die vorgesehene Sendung ganz ungeeignet seien. »Sein persönliches Auftreten ist matt, und seine Worte sind schwach« (2 Kor 10,10), sagten ihm seine Gegner nach. Über den Beginn seiner Mission in Galatien erzählt er selbst: »Ihr wißt, daß ich krank und schwach war, als ich zum ersten Mal das Evangelium verkündete« (Gal 4,13). Paulus hat nicht durch brillante Rhetorik und durch raffinierte Strategien gewirkt, sondern dadurch, daß er sich selbst einsetzte und aussetzte für seine Botschaft. Die Kirche wird auch heute nur in dem Maß Menschen überzeugen können, in dem ihre Verkünder bereit sind, sich verwunden zu lassen. Wo die Leidensbereitschaft fehlt, fehlt die wesentliche Wahrheitsprobe, auf die die Kirche angewiesen ist. Ihr Kampf kann immer nur Kampf derer sein, die sich selbst ausgießen lassen: der Kampf der Märtyrer.

Dem Schwert in den Händen des heiligen Paulus können wir freilich auch noch eine andere Bedeutung beilegen als die des Marterwerkzeugs: Das Schwert ist in der Schrift auch Sinnbild für das Wort Gottes, das »kraftvoll und schärfer ist als jedes zweischneidige Schwert... Es richtet über die Regungen und Gedanken des Herzens« (Hebr 4,12). Dieses Schwert hat Paulus geführt: Mit ihm hat er die Menschen erobert. »Schwert« ist hier letzten Endes einfach ein Bild für die Macht der Wahrheit, die ganz eigener Natur ist. Wahrheit kann weh tun, sie kann verletzen – das ist ihre Schwertnatur. Weil das Leben in der Lüge oder einfach das Vorbeileben an der Wahrheit oft bequemer erscheint als der Anspruch des Wahren, darum ärgern sich Menschen über die Wahrheit, wollen sie niederhalten, verdrängen, ihr aus dem Weg gehen. Wer von uns könnte leugnen, daß ihn schon so manches Mal die Wahrheit gestört hat – die Wahrheit über sich selbst, die Wahrheit über das, was wir tun und lassen sollen? Wer von uns kann behaupten, daß er nie versucht hat, sich an der Wahrheit vorbeizustehlen oder sie wenigstens ein bißchen zurechtzukneten, damit sie weniger schmerzhaft wird? Paulus war unbequem, weil er ein Mann der Wahrheit gewesen ist; wer sich ganz der Wahrheit verschreibt und keine andere Waffe, aber auch keine andere Aufgabe haben will als sie, der wird zwar nicht notwendigerweise umgebracht werden, aber in die Nähe des Martyriums wird er immer rücken: Ein Leidender wird er werden. Wahrheit zu verkündigen, ohne zum Fanatiker und zum Rechthaber zu werden – das wäre die große Aufgabe.

Paulus mag manchmal im Streit ein wenig bitter geworden, in die Nähe des Fanatischen gerückt sein. Ein Fanatiker war er aber ganz und gar nicht; Texte voller Güte, wie wir sie allen seinen Briefen – am schönsten vielleicht im Philipperbrief – finden, sind das eigentliche Kennzeichen seines Charakters. Er konnte frei bleiben vom Fanatismus, weil er nicht für sich redete, sondern die Gabe eines anderen zu den Menschen trug: Wahrheit von Christus her, der dafür gestorben ist und bis in den Tod ein Liebender blieb. Auch da, glaube ich, müssen wir unser Paulusbild ein wenig korrigieren. Wir haben zu sehr die kämpferischen Texte bei Paulus im Ohr. Hier gilt wieder etwas Ähnliches wie bei Mose: Wir sehen

Mose als den »Gehörnten«, den Ehernen, den Zürnenden. Aber das Buch Numeri sagt von ihm: Mose war der mildeste aller Menschen (12,3; LXX). Wer Paulus ganz liest, wird den milden Paulus entdecken. Wir haben vorhin gesagt, sein Erfolg hänge mit seiner Leidensbereitschaft zusammen. Nun müssen wir hinzufügen: Leiden und Wahrheit gehören zusammen. Paulus wurde bekämpft, weil er ein Mann der Wahrheit war. Aber daß Bleibendes aus seinem Wort und aus seinem Leben gewachsen ist, liegt daran, daß er der Wahrheit diente und ihretwegen litt. Das Leiden ist die notwendige Beglaubigung der Wahrheit, aber nur die Wahrheit gibt dem Leiden Sinn.

Am Aufgang zur Petersbasilika stehen die Figuren der beiden Apostel Petrus und Paulus. Auch auf dem Hauptportal von Sankt Paul vor den Mauern sind die beiden miteinander verbunden, sind Szenen aus beider Leben und Leiden dargestellt. Die christliche Überlieferung hat von Anfang an Petrus und Paulus als untrennbar voneinander betrachtet: Sie stellen zusammen das ganze Evangelium dar. In Rom hat die Verbindung der beiden zu Geschwistern im Glauben dazu noch eine ganz spezifische Bedeutung bekommen. Sie wurden von den Christen Roms als Gegenbild zu dem mythischen Brüderpaar angesehen, dem die Gründung Roms zugeschrieben wird: Romulus und Remus. Diese zwei Männer stehen in einer merkwürdigen Entsprechung zum ersten Brüderpaar der biblischen Geschichte: Kain und Abel; einer wird zum Mörder des anderen. Das Wort Brüderlichkeit hat vom rein Menschlichen her einen bitteren Geschmack. Wie sie unter Menschen aussehen kann, wird quer durch die Religionen in solchen Brüderpaaren dargestellt. Petrus und Paulus, die beide menschlich voneinander so verschieden gewesen sind und wahrhaft nicht konfliktfrei nebeneinander stehen, erscheinen als die Gründer einer neuen Stadt, als die Verkörperung der neuen und wahren Weise von Brüderlichkeit, die durch das Evangelium Jesu Christi möglich geworden ist. Nicht das Schwert der Eroberer rettet die Welt, sondern nur das Schwert der Leidenden. Nur die Nachfolge Christi führt zur neuen Brüderlichkeit, zur neuen Stadt: Das sagt uns das Brüderpaar, das durch die beiden großen Basiliken Roms zu uns redet.

»Vorsitz in der Liebe«
Der Cathedra-Altar von St. Peter zu Rom

Wer nach einer Wanderung durch das gewaltige Mittelschiff der Peterskirche schließlich beim abschließenden Altar in der Apsis ankommt, würde wohl eine triumphale Darstellung des heiligen Petrus erwarten, um dessen Grab diese Kirche gebaut ist. Aber nichts davon – die Gestalt des Apostels erscheint nicht unter den Bildwerken dieses Altars. Stattdessen stehen wir vor einem leeren Thron, der beinahe zu schweben scheint, aber doch gehalten wird von den vier Figuren der großen Kirchenlehrer des Westens und des Ostens. Das gedämpfte Licht, das über dem Thron liegt, rührt von dem Fenster darüber, das von schwebenden Engeln umgeben ist, die das Fluten des Lichts nach unten weiterleiten.

Was soll diese ganze Komposition? Was sagt sie uns? Mir scheint, daß sich darin eine tiefe Deutung des Wesens von Kirche verbirgt und, darin eingeschlossen, eine Deutung des Petrusamtes. Beginnen wir mit dem Fenster, das mit seinen gedämpften Farben zugleich nach innen sammelt und nach außen und oben hin öffnet. Es verbindet die Kirche mit der Schöpfung im Ganzen; es deutet durch die Taube des Heiligen Geistes Gott als die eigentliche Quelle allen Lichtes an. Aber es sagt uns noch anderes: Die Kirche selbst ist ihrem Wesen nach gleichsam ein Fenster, Raum der Berührung zwischen dem jenseitigen Geheimnis Gottes und unserer Welt, Durchlässigwerden der Welt auf den Glanz seines Lichtes hin. Kirche steht nicht für sich, sie ist kein Ende, sondern ein Aufbruch über sich und über uns selbst hinaus. Sie erfüllt um so mehr ihr wahres Wesen, je mehr sie durchsichtig wird für den anderen, von dem sie kommt und zu dem sie führt. Durch das Fenster ihres Glaubens tritt Gott herein in diese Welt und weckt in uns die Sehnsucht nach dem Größeren. Kirche ist Ein- und Ausgehen von Gott zu uns, von uns zu Gott. Ihr Auftrag ist es, eine sich verschließende Welt zu öffnen über sich hinaus, ihr das Licht zu geben, ohne das sie unbewohnbar wäre.

Sehen wir uns nun die nächste Ebene dieses Altars an: die leere Cathedra aus vergoldeter Bronze, in die ein hölzerner Stuhl aus dem 9. Jahrhundert eingeschlossen ist, den man lange Zeit für die Cathedra des Apostels Petrus gehalten und deswegen an dieser Stelle aufgestellt hat. So verdeutlicht sich schon die Bedeutung dieses Teils des Altars. Der Lehrstuhl des Petrus sagt mehr, als ein Bild sagen könnte. Er drückt die bleibende Gegenwart des Apostels aus, der als Lehrender in seinen Nachfolgern anwesend bleibt. Der Stuhl des Apostels ist ein Hoheitszeichen – er ist Thron der Wahrheit, die in der Stunde von Cäsarea zu seinem und seiner Nachfolger Auftrag wurde. Der Sitz des Lehrenden wiederholt gleichsam für unser Gedächtnis das Wort des Herrn aus dem Abendmahlssaal: »Ich habe für dich gebetet, daß dein Glaube nicht wanke. Und wenn du dich wieder bekehrt hast, stärke deine Brüder« (Lk 22,32). Aber auch eine andere Erinnerung verbindet sich mit dem Stuhl des Apostels: das Wort des Ignatius von Antiochien, der um das Jahr 110 in seinem Brief an die Römer die Kirche von Rom »Vorsitzende der Liebe« nannte. Vorsitz im Glauben muß Vorsitz in der Liebe sein, beides ist gar nicht voneinander zu trennen. Ein Glaube ohne

Liebe wäre nicht mehr der Glaube Jesu Christi. Die Vorstellung des heiligen Ignatius war aber noch konkreter: Das Wort »Liebe« ist in der Sprache der frühen Kirche auch ein Ausdruck für die Eucharistie. Eucharistie stammt ja aus der Liebe Jesu Christi, der für uns sein Leben hingegeben hat. In ihr teilt er sich immerfort an uns aus, legt sich selbst in unsere Hände. Durch sie erfüllt er immerfort seine Verheißung, daß er uns vom Kreuz her in seine offenen Arme hineinziehen werde (vgl. Joh 12,32). In der Umarmung Christi werden wir zueinander geführt. Wir werden in den einen Christus hineingenommen, und dadurch gehören wir nun auch gegenseitig zusammen: Ich kann denjenigen nicht mehr als einen Fremden betrachten, der in derselben Berührung mit Christus steht wie ich.

Das alles sind nun aber keineswegs irgendwelche entlegenen mystischen Gedanken. Eucharistie ist die Grundform der Kirche: Sie bildet sich in der eucharistischen Versammlung. Und weil alle Versammlungen aller Orte und aller Zeiten nur immer dem einen Christus zugehören, folgt daraus, daß sie alle nur eine einzige Kirche bilden. Sie legen sozusagen ein Netz der Geschwisterlichkeit über die Welt und knüpfen die Nahen und die Fernen so aneinander, daß sie durch Christus sich alle nahe sind. Nun geht gewöhnlich unsere Meinung dahin, daß Liebe und Ordnung Gegensätze seien: Wo Liebe, brauche es keine Ordnung mehr, weil ja nun alles sich von selber verstehe. Aber das ist ein Mißverständnis, sowohl der Ordnung wie der Liebe. Rechte menschliche Ordnung ist etwas anderes als die Gitterstäbe, die man vor die Raubtiere setzt, damit sie in Schranken gehalten werden. Sie ist die Achtung vor dem Anderen und vor dem Eigenen, das dann am meisten geliebt ist, wenn es in seiner rechten Sinngebung angenommen wird. So gehört zur Eucharistie Ordnung, und ihre Ordnung ist der eigentliche Kern der Ordnung der Kirche. Der leere Stuhl, der auf den Vorsitz in der Liebe verweist, spricht zu uns demgemäß über den Zusammenklang von Liebe und Ordnung. Er verweist im tiefsten auf Christus als den eigentlichen Vorsitzenden in der Liebe. Er verweist darauf, daß Kirche ihre Mitte im Gottesdienst hat. Er sagt uns, daß Kirche nur eins bleiben kann von der Gemeinschaft mit dem gekreuzigten Christus her. Keine organisatorische Tüchtigkeit kann ihre Einheit gewährleisten. Sie kann Weltkirche nur sein und bleiben, wenn ihre Einheit mehr ist als Organisation – wenn sie von Christus her lebt. Nur der eucharistische Glaube, nur die Versammlung um den gegenwärtigen Herrn kann sie auf Dauer erhalten. Und von daher bezieht sie ihre Ordnung. Die Kirche wird nicht regiert durch Mehrheitsbeschlüsse, sondern durch Glauben, der in der Begegnung mit Christus im Gottesdienst reift.

Der Petrusdienst ist Vorsitz in der Liebe, das heißt Sorge dafür, daß die Kirche ihr Maß von der Eucharistie nimmt. Sie wird um so einiger sein, je mehr sie vom eucharistischen Maß her lebt und je treuer sie in der Eucharistie sich an das Maß der Überlieferung des Glaubens hält. Um so mehr wird aus der Einheit auch Liebe reifen, die auf die Welt zugeht: Die Eucharistie beruht ja auf dem Liebesakt Jesu Christi bis in den Tod hinein. Das heißt freilich auch, daß nicht lieben kann, wer den Schmerz als etwas ansieht, das man abschaffen oder jedenfalls den anderen überlassen sollte. »Vorsitz in der Liebe«: Wir hatten anfangs vom leeren Thron gesprochen, aber nun ist sichtbar geworden, daß der »Thron« der Eucharistie kein Thron der Herrschaft, sondern der harte Stuhl des Dienenden ist.

Sehen wir jetzt auf die dritte Ebene dieses Altars hin: auf die Väter, die den Thron des Dienens tragen. Die beiden Lehrer des Ostens, Chrysostomus und Athanasius, verkörpern zusammen mit den Lateinern Ambrosius und Augustinus die Ganzheit der Überlieferung und so die Fülle des Glaubens der einen Kirche. Zwei Überlegungen sind hier wichtig: Die Liebe steht auf dem Glauben. Sie zerfällt, wo der Mensch orientierungslos wird; sie zerfällt, wo der Mensch Gott nicht mehr wahrnehmen kann. Wie sie und mit ihr stehen Ordnung und Recht auf dem Glauben, steht Autorität in der Kirche auf dem Glauben. Kirche kann sich nicht selbst ausdenken, wie sie sich ordnen will; sie kann nur versuchen, den inneren Ruf des Glaubens immer besser zu verstehen und aus ihm zu leben. Sie braucht das Mehrheitsprinzip nicht, das ja immer etwas Grausames in sich enthält: Der unterlegene Teil muß sich um des Friedens willen dem Beschluß der Mehrheit beugen, auch wenn dieser Beschluß vielleicht töricht oder sogar schädlich ist. In menschlichen Ordnungen geht es vielleicht nicht anders. Aber in der Kirche schützt die Bindung an den Glauben uns alle: Jeder ist an ihn gehalten, und insofern gewährt die sakramentale Ordnung mehr Freiheit, als diejenigen geben können, die auch die Kirche dem Mehrheitsprinzip unterwerfen wollen.

Ein Zweites kommt dazu: Die Kirchenväter erscheinen als die Garanten der Treue zur Heiligen Schrift. Die Hypothesen menschlicher Auslegung wanken. Sie können den Thron nicht tragen. Die lebentragende Kraft des Schriftwortes ist ausgelegt und angeeignet in dem Glauben, den die Väter und die großen Konzilien aus ihr vernommen haben. Wer sich daran hält, hat das gefunden, was im Wechsel der Zeiten festen Grund gibt.

Zuletzt dürfen wir nun aber über den Teilen nicht das Ganze vergessen. Denn die drei Ebenen des Altars nehmen uns in eine Bewegung hinein, die Aufstieg und Abstieg zugleich ist. Der Glaube führt zur Liebe. Darin zeigt sich, ob er überhaupt Glaube ist. Ein finsterer, mürrischer, egoistischer Glaube ist Fehlglaube. Wer Christus entdeckt, wer das weltweite Netz der Liebe entdeckt, das er in der Eucharistie ausgeworfen hat, muß fröhlich werden und muß selbst ein Gebender werden. Glaube führt zur Liebe, und nur durch Liebe erreichen wir die Höhe des Fensters, den Ausblick zum lebendigen Gott, die Berührung mit dem flutenden Licht des Heiligen Geistes. So durchdringen sich die beiden Richtungen: Von Gott her kommt das Licht, weckt abwärtssteigend Glauben und Liebe, um uns dann hinaufzunehmen auf die Leiter, die wiederum vom Glauben zur Liebe und zum Licht des Ewigen führt.

Die innere Dynamik, in die der Altar uns hineinzieht, läßt schließlich noch ein letztes Element verständlich werden: Das Fenster des Heiligen Geistes steht nicht für sich allein da. Es ist umgeben von der überquellenden Fülle der Engel, von einem Chor der Freude. Das will sagen: Gott ist nie allein. Das widerspräche seinem Wesen. Liebe ist Beteiligung, Gemeinschaft, Freude. Diese Wahrnehmung läßt noch einen weiteren Gedanken aufkommen: Zum Licht tritt der Klang. Man glaubt geradezu, sie singen zu hören, diese Engel, denn schweigend kann man sich diese Fluten der Freude nicht vorstellen, auch nicht als Gerede oder als Geschrei, sondern nur als Lobpreis, in dem Harmonie und Vielfalt sich einen. »Du wohnst in den Lobpreisungen Israels«, heißt es im Psalm (22,4). Lobpreisung ist gleichsam die Wolke der Freude, durch die Gott kommt und die ihn als sein Gefährt in diese

Welt trägt. Gottesdienst ist daher Hereinscheinen des ewigen Lichts und Hereinklingen des Klangs von Gottes Freude in unsere Welt, und er ist zugleich unser Herantasten an den tröstenden Glanz dieses Lichtes aus der Tiefe unserer Fragen und Wirrnisse heraus, Aufsteigen auf der Leiter, die von Glaube zu Liebe führt und damit den Blick der Hoffnung öffnet.

Ostern
»Die Botschaft hör' ich wohl...«

Das Ostergedicht von Reiner Kunze aus dem Jahre 1984 bringt wohl recht genau die Empfindungen unserer Zeit der Osterbotschaft gegenüber ins Wort:

> Die glocken läuteten,
> als überschlügen sie sich vor freude
> über das leere grab
>
> Darüber, daß einmal
> etwas so tröstliches gelang,
>
> und daß das staunen währt
> seit zweitausend jahren
>
> Doch obwohl die glocken
> so heftig gegen die mitternacht hämmerten –
> nichts an finsternis sprang ab

Beim Nachsinnen über diese Worte fiel mir ein, daß eigentlich schon Goethes Faust in anderer Sprache das gleiche sagt. Im Augenblick der Verzweiflung ob der Armseligkeit des Menschseins, ob der Unmöglichkeit, dem Göttlichen zu nahen, will er seinem Leben ein Ende setzen. Das Widersprüchliche der menschlichen Existenz wird ihm unerträglich: Da ist die nicht abzuwerfende Sehnsucht nach dem Unendlichen, dem Höchsten, die mit der Unmöglichkeit zusammengeht, aus den Grenzen unseres Erkennens auszubrechen und zu sehen, was eigentlich ist; zu sehen, ob es ein Wozu unseres Daseins gibt. Derselbe Faust wird später erleben, daß es seinem Assistenten Wagner gelingt, im Glas Menschen zu produzieren; aber diese Ausweitung der menschlichen Macht kann die Verzweiflung über das Dunkel unserer Existenz nicht widerlegen, sondern nur steigern. Denn blinde Macht ist noch schrecklicher und vor allem gefährlicher als Blindheit in Ohnmacht. So steht dieser Faust für den modernen Menschen, der sich zuerst, im Aufbruch der Neuzeit, als der Gottheit ebenbürtig erfährt und glaubt, die Weltschöpfung neu und besser in die Hände nehmen zu können, um dann abzustürzen in die Verzweiflung dessen, der doch nur Wurm ist und im Staube wühlt. Die Abschaffung des Menschen erscheint so als die beste Lösung, und Faust nimmt sie symbolisch in die Hand, indem er die Trunkenheit des tödlichen Saftes sucht: Wenn er den Tod schon nicht schlagen kann, dann will er ihn wenigstens selber machen.

In diesem Augenblick, in dem Faust verzweifelt zur Erlösung durch das Selbermachen des Todes ansetzt, ertönen die Osterglocken, ertönt die Botschaft: Christ ist erstanden. Beim Lautwerden dieser Kunde trägt sich gerade das zu, was Kunze beschreibt: Freude, daß einmal etwas so Tröstliches gelang, und daß das Staunen währt seit zweitausend Jahren. Freilich: auch Faust ist nicht imstande, der Botschaft zu glauben; aber würde er auch sagen: »Nichts an Finsternis sprang ab«? Er glaubt nicht, aber die Erinnerung an das Staunen bewegt seine Seele; die Erinnerung an das, was einmal Glaube war, holt ihn in den Mut des Daseins zurück. Ist also nicht doch etwas an Finsternis abgesprungen? Ist nicht doch selbst nach dem Verlust des Glaubens ein Nachklang des Leuchtens geblieben, das er geweckt hatte? Ist es nicht doch so, daß auch im Zweifel und im Unglauben die seltsame Botschaft vom leeren Grab eine geheime Unruhe hinterläßt, die wir ableugnen, weil wir ja aufgeklärte Menschen sind und wissen, daß es derlei nicht gibt, und die uns dennoch verfolgt? Geht es uns nicht auch wie den Jüngern, die das vermeintliche Frauengeschwätz verwarfen, aber sich im stillen ihrer Männerweisheit plötzlich nicht mehr so sicher waren? Die Väter haben die Kirche als Frau bezeichnet, und vielleicht hat schon Johannes in Maria von Magdala, die als erste den Auferstandenen sah, ein Bild der Kirche selbst gesehen: Sie kommt auch heute mit der sehenden Einfalt ihres Herzens in unsere ganz versachlichte Welt und sagt ihr, was in sie gar nicht hineinzupassen scheint: Christus ist auferstanden. Und irgendwie kann niemand mehr ganz an dieser Botschaft vorbeigehen. Sie könnte ja wahr sein... Wer dürfte es ausschließen, seitdem uns die neueste Wissenschaft belehrt, daß eigentlich alles möglich und andererseits nichts wirklich sicher und verläßlich ist?

Was sollen wir in solcher Lage tun, *wie* Ostern feiern? Der Zweifel an allen Gewißheiten, der zwar nichts mehr für unmöglich, aber eben nichts für endgültig sicher halten kann, führt uns aus der Ver-zweiflung Fausts nicht heraus; er nimmt ihr nur noch alles Pathos weg. Gewiß, es ist schon etwas wert, wenn die Mauern der beinharten Gewißheiten einstürzen, mit denen der Geist der Neuzeit endgültig die Welt und den Menschen hatte umgrenzen wollen. Aber Skepsis ist keine Lebensgrundlage. »Man spielt nicht um sein eigenes Schicksal mit den Würfeln einer Hypothese«, hat Georges Bernanos einmal gesagt, um freilich damit die Tragödie eines Theologen zu beleuchten, für den die Hypothese zur einzigen Quelle seiner Analyse geworden war. Wie können wir uns dem Osterglauben nahen, wie die Botschaft so an uns, uns an sie heranholen, daß ein Stück Finsternis abspringt und daß wir neu zu leben lernen? Angesichts dieser bewegenden Frage kommt mir ein Wort des Märtyrerbischofs Ignatius von Antiochien aus seinem Brief an die Römer in den Sinn, wo er schreibt: »Nicht das Werk von Überredung, sondern wirkliche Größe ist das Christentum...« (3,3). Zum Glauben kann man nicht überredet werden, soll man auch nicht überredet werden. Aber was dann? Wie kommt man zu dem Großen, zu der Kraft des Wirklichen selbst, auf die Ignatius verweist?

Die Antwort der alten Kirche war: Man muß sich auf den Weg machen, man muß das Wort als Weg nehmen, sich in es einleben, um dann mit dem Experiment des Lebens an die Erfahrung der Wirklichkeit heranzukommen. Aus diesem Grund wurde das Katechumenat geschaffen. Das will sagen: Glaube wurde nicht rein intellektuell, als bloße Information verkündet, sondern in einem Prozeß des Einlebens und des Mitlebens stufenweise erprobt und erworben. Das ist auch ganz logisch. Jede Erkenntnis verlangt ihre eigene Methode; der Weg muß der besonderen Art des zu Erkennenden angemessen sein. Ich kann über Medizin nicht nur theoretisch philosophieren; wenn sie Kunst aus Erkennen und von Erkennen zu Können werden soll, fordert sie den realen Umgang mit dem Kranken und mit der Krankheit. Und auch das wieder verlangt mehr als die Fähigkeit, Apparate zu bedienen und Werte abzulesen. Es verlangt den Blick für diesen Menschen, in dem ja nicht nur ein chemischer Vorgang gestört ist, den ich mit anderen chemischen Vorgängen beeinflussen und richtigstellen kann. Es leidet der Mensch selbst; im chemischen Vorgang ist er mit seinem ganzen

Menschsein im Spiel. Lasse ich den lebendigen Menschen aus, so habe ich das eigentliche Subjekt des Geschehens ausgeklammert. So wird an diesem Beispiel schon sichtbar, daß ein Denken nicht zum Ziele führt, das die Dinge in die Hand nehmen, zerlegen und beherrschen will: Es gibt das, was nicht durch Herrschen, sondern nur durch Dienen erkannt wird, und das sind die höheren Weisen der Erkenntnis. Denn was wir beherrschen können, ist unter uns. Ein Denken, das im Zerlegen und Zusammensetzen verbleibt, ist seinem Wesen nach materialistisch und reicht nur bis zu einer ganz bestimmten Schwelle. So braucht der Arzt über das Zerlegen und Analysieren hinaus die Hingebung an den Menschen, in der sich ihm das Eigene einer Krankheit erschließt.

Damit sind wir unerwartet von unserem Beispiel direkt zum Thema selbst gekommen, denn im Auferstehungsglauben geht es um die Krankheit, die uns anficht; geht es um die innere Verwundung unserer Existenz durch den Tod und um den verborgenen Gott, der uns gerade im Tod entgegenkommt und eben dort sich zu erkennen gibt. Man ist schon auf einem aussichtslosen Holzweg, wenn man meint, bei der Osterbotschaft gehe es ausschließlich um ein historisch-kritisches Problem einer behaupteten vergangenen Tatsache. Das könnte man den Historikern überlassen, die dann feststellen, ob es glaubwürdig sei oder nicht. Aber wie wollen sie es feststellen? Sie waren so wenig dabei wie wir alle; sie können es so wenig zurückrufen wie wir alle, und sie haben keine anderen Quellen zur Verfügung als die uns allen zugänglichen. Die Feststellung dieser und jener Unstimmigkeit zwischen den verschiedenen Berichten reicht zu einem Urteil nicht aus; die Tatsache, daß eine Reihe voneinander unabhängiger Zeugnisse in der Substanz übereinstimmen, ist schon weit gewichtiger. Aber die Distanz von zweitausend Jahren kann natürlich auch sie nicht überbrücken. Dann muß gewöhnlich das moderne Weltbild aushelfen, das uns angeblich sicher sagt, daß es wirkliche Auferstehung nicht geben könne, weil wir eine solche Art von Entmaterialisierung oder von blitzartiger Verwandlung der Materie nicht kennen. So läßt man den Leichnam im Grab; was dann übrigbleibt, sind ein paar mehr oder weniger subjektive Visionen: Die Verwesung behält das letzte Wort, und die Auferstehung hat sich in idealistisches Gerede zurückgezogen. In Wirklichkeit ist hier einfach die Methode überfordert und der Anlauf verkehrt. Wer die Osterbotschaft auf das Daß eines gewesenen Ereignisses reduziert, ist schon an ihr vorbeigegangen, denn wie wollte man auf ein gewesenes Daß, auf einen versunkenen und für uns allzu fernen Augenblick der Vergangenheit ein ganzes Leben, Gegenwart und Zukunft bauen können?

Was uns die Osterbotschaft sagt, reicht in eine Tiefe, die man nicht mit ein paar intellektuellen Handgriffen erreichen kann. Das Erregende und Neue daran ist doch, daß Gott – wie der Beiruter Theologe Jean Corbon formuliert – uns nicht von oben herab das Evangelium predigt, sondern es uns sagt, indem er den Kelch des Todes trinkt. Dann können aber auch wir ihn nicht von oben herab anhören, sondern müssen ihm begegnen, wie er uns begegnet ist – mit dem ganzen Realismus unserer dem Tod ausgelieferten Existenz. Hören wir noch einmal Jean Corbon: »Wenn Gottes Ankunft im Menschen nicht bis in den Tod hinabreichte, spottete er des Menschen. Und so ist es in allen Religionen und Ideologien: da sie den Tod nicht austreiben können, lenken sie den Menschen von ihm ab.« Der »Wahnsinn des Mysteriums«, von dem der heilige Paulus spricht (1 Kor 1,17-25), »liegt im Gegenteil darin, in den Tod einzutreten.« Dazu kommt ein weiteres, worauf ebenfalls Corbon hingewiesen hat. Alle empirischen Ereignisse vergehen; sie sind an einen bestimmten Zeitpunkt der ablaufenden Geschichte geknüpft und dann vorüber, auch wenn jedes davon eine mehr oder minder tiefe Spur in der Gestalt der Geschichte zurückläßt. Aber das Ereignis, daß der Tod tot ist, bricht aus dem Ablauf des Stirb und Werde aus. Es ist ein Loch in der Mauer der Vergänglichkeit, das nun offensteht. Es sinkt nicht einfach in die Vergangenheit hinab. Es ist zwar einmal geschehen, aber – wie der Hebräerbrief sagt – dieses Einmal ist ein Ein-für-allemal, eröffnet ein Immer. So ist es seitdem. Das Geschehene bleibt, und den Zugang zu dieser Gegenwart müssen wir suchen, zu diesem Immer, damit wir dann auch das Einmal erkennen können – nicht umgekehrt.

Wie kommt man an diese Gegenwart des Vergangenen heran, an dieses Immer des Einmaligen, an das Heute von Ostern? Als erste Grundregel können wir sagen: Auf diesem Weg braucht man Zeugen. Das war von Anfang an so, es gehört zur Struktur dieser Erkenntnis. Der Auferstandene zeigt sich nicht in einem großen öffentlichen Spektakel vor der Masse. Das ist überhaupt nicht die Weise der Wahrnehmung, die ihm näherkommen könnte. Er zeigt sich Zeugen, die ein Stück seines Todesweges mitgegangen sind; im Mitgehen mit ihnen kann man der Wahrheit begegnen. Dieser Weg hat vielfältige Stufen und Weisen. Ich möchte als Beispiel nur an einen Bekehrungsweg unserer Zeit, an Tatjana Goritschewa erinnern. Sie hatte gelernt, das Ziel des Lebens sei es, sich auszuzeichnen, »klüger zu sein als die anderen, fähiger, stärker... Nie jedoch hatte mir jemand gesagt, daß das Höchste im Leben nicht darin liegt, die anderen einzuholen und zu besiegen, sondern zu lieben.« In der stufenweisen Begegnung mit Jesus erkennt sie dies von innen her, bis ihr dann eines Tages im Beten des Vaterunsers eine neue Geburt widerfährt und sie in einer das ganze Sein umstürzenden Erkenntnis wahrnimmt, »nicht etwa mit meinem lächerlichen Verstand, sondern mit meinem ganzen Wesen – daß Er existiert.« Das ist durchaus wirkliche Erkenntnis, Erfahrung, nachvollziehbare und insofern nachprüfbare Erfahrung – nachprüfbar freilich nicht in der Pose des Zuschauers, sondern nur im Eintreten in das Experiment des Lebens mit Gott.

Das genau war der Sinn des Katechumenats, mit dem die alte Kirche den Menschen zur Berührung mit dem Auferstandenen anleitete: geführt durch die Zeugen Schritt um Schritt das Experiment des Weges Jesu, des Lebens mit ihm und so mit Gott aufzunehmen. Gregor von Nyssa hat das großartig ausgedrückt bei der Auslegung des geheimnisvollen Textes, daß Mose zwar nicht das Gesicht Gottes, aber seinen Rücken habe sehen können. Dazu sagt er: »...Dem, der nach dem ewigen Leben fragte, antwortete der Herr... 'Komm, folge mir nach!' (Lk 18,22) Wer aber folgt, schaut den Rücken dessen, dem er folgt. Und nun wird Mose, der Gott zu sehen verlangt, belehrt, wie man Gott sehen kann: Gott nachfolgen, wohin Er auch führt, ist: Gott sehen.«

Zu diesem Weg laden die Osterglocken ein. Immer wieder werden sie den Menschen in der Nacht treffen. Aber wo sie das Herz zu berühren vermögen, weicht die Nacht dem Morgen, springt Finsternis ab und wird Tag. Auch heute. In dieser Verheißung liegt die Freude von Ostern.

Ostern
Das Lachen Saras

Das Helle und Freudige, das sich mit dem Gedanken an Ostern wohl für die meisten von uns verbindet, kann doch nichts daran ändern, daß der innere Gehalt dieses Tages für uns viel schwerer nachzuvollziehen ist als etwa derjenige von Weihnachten. Die Geburt, das Kindsein, die Familie – dies alles gehört unserer eigenen Erlebniswelt zu. Deshalb berührt uns der Gedanke ganz unmittelbar, daß Gott ein Kind geworden ist und so das Kleine groß, das Große aber menschlich und nah und faßbar gemacht hat. In der Geburt zu Bethlehem ist nach unserem Glauben Gott in die Welt hereingetreten, und das zieht eine Lichtspur selbst bis zu den Menschen hin, die die Botschaft als solche nicht anzunehmen vermögen.

Mit Ostern ist es anders: Hier ist Gott nicht in unser vertrautes Leben hereingekommen, sondern er hat seine Grenzen durchbrochen in einen neuen Raum jenseits des Todes hinein. Er geht uns nicht mehr nach, sondern er geht uns voraus und hält die Fackel in eine unerschlossene Weite, um uns Mut zu machen, ihm zu folgen. Aber da wir nun einmal nur kennen, was diesseits des Todes ist, können wir keine unserer eigenen Erfahrungen mit dieser Kunde verbinden. Keine Vorstellung kann dem Wort nachhelfen; es bleibt ein Ausgriff ins Unbekannte, bei dem wir unsere Kurzsichtigkeit und die Enge unserer Schritte schmerzlich verspüren.

Dennoch ist es ein erregender Gedanke, daß wir nun wenigstens durch das Wort eines Wissenden von dem erfahren, was niemandem gleichgültig sein kann. Die ungeheure Neugierde, mit der in den letzten Jahren Berichte von klinisch Toten aufgenommen wurden, die das Unerfahrbare erfahren haben wollen und scheinbar sagen können, was nach dem dunklen Tor des Todes kommt – diese Neugierde zeigt ja, wie brennend die Frage nach dem Tod in uns allen bohrt. Aber nach allen Berichten bleibt ein Ungenügen, weil ja all diese Zeugen nicht wirklich tot waren, sondern nur die besondere Erfahrung eines bestimmten extremen Zustands menschlichen Lebens und Bewußtseins durchgekostet haben. Niemand kann sagen, ob sich ihre Erfahrung bestätigen würde, wenn sie wirklich tot gewesen wären. Der aber, von dem Ostern spricht – Jesus Christus – war wirklich »hinabgestiegen in das Reich des Todes«. Jesus hat der Bitte des reichen Prassers entsprochen: Schicke doch jemand aus der Totenwelt herüber, dann werden wir glauben (vgl. Lk 16, 27f)! Er, der wahre Lazarus, *ist* herübergekommen, damit *wir* glauben. Tun wir es nun? Er kam nicht mit Enthüllungen und nicht mit aufregenden Schilderungen von »drüben«. Aber er hat uns gesagt, daß er »Wohnungen bereitet« (Joh 14,23). Ist das nicht die aufregendste Neuigkeit der Geschichte, auch wenn sie ohne Nervenkitzel gesagt ist?

Ostern handelt vom Unvorstellbaren; sein Ereignis begegnet uns zunächst nur durch das Wort, nicht durch die Sinne. Um so mehr kommt es darauf an, sich einmal von der Größe dieses Wortes gewinnen zu lassen. Aber weil wir nun einmal mit den Sinnen denken, hat der Glaube der Kirche das österliche Wort seit je auch in Symbole übersetzt, die das Ungesagte des Wortes erahnen lassen. Das Symbol des Lichtes (und mit ihm des Feuers) spielt eine besondere Rolle; der Gruß an die Osterkerze, die in der nachtdunklen Kirche Zeichen des Lebens wird, gilt dem Sieger über den Tod. Das Ereignis von einst wird so übersetzt in unsere Gegenwart: Wo Licht das Dunkel besiegt, geschieht etwas von Auferstehung. Die Wasserweihe rückt ein anderes Schöpfungselement als Symbol der Auferstehung in den Vordergrund: Wasser kann etwas Drohendes an sich haben, Waffe des Todes sein. Aber das lebendige Wasser der Quelle ist Fruchtbarkeit, die inmitten der Wüste Oasen des Lebens baut. Ein drittes Symbol ist von ganz anderer Art: Der Gesang des Alleluja, das festliche Singen der Osterliturgie zeigt, daß die menschliche Stimme nicht nur schreien, stöhnen, klagen, reden, sondern eben – singen kann. Daß der Mensch überdies die Stimmen der Schöpfung zu rufen und in Harmonie zu verwandeln vermag – läßt uns das nicht auf wunderbare Weise ahnen, welcher Verwandlungen wir selbst und die Schöpfung fähig sind? Ist das nicht ein wundervolles Zeichen der Hoffnung, in dem wir Kommendes erahnen und es zugleich als Möglichkeit und Gegenwart empfangen dürfen?

Übrigens ist auch die Jahreszeit, in der Ostern gefeiert wird, nichts Zufälliges. Über das jüdische Pascha reicht das christliche Ostern tief in die Religionsgeschichte und in den Bereich der sogenannten Naturreligionen hinein. Für mich ist es immer wieder auffällig und bedenkenswert, wie nachdrücklich Jesus während seines Lebensweges von seiner »Stunde« spricht. Er geht auf den Tod zu, aber er vermeidet ihn, solange diese Stunde nicht da ist (vgl. z.B. Lk 13,31-35). So knüpft er selbst ganz bewußt seine Sendung mit der ganzen Glaubensgeschichte der Menschheit und mit den Zeichen der Schöpfung zusammen. Er bindet die Vollendung seiner Sendung an dieses Fest und damit an den ersten Frühlingsvollmond. Einer nur technisch und historisch denkenden Gelehrsamkeit muß so etwas unverständlich und bedeutungslos erscheinen. Aber Jesus dachte anders. Indem er seine Stunde mit den Umdrehungen von Mond und Erde, mit den Gezeiten der Natur verbindet, stellt er seinen Tod in einen kosmischen Zusammenhang hinein und bezieht so umgekehrt den Kosmos auf den Menschen. In den großen Festen der Kirche feiert die Schöpfung mit, oder umgekehrt: In diesen Festen stimmen wir in den Rhythmus der Erde und der Gestirne ein und nehmen ihre Kunde an. Deshalb ist auch der neue Morgen der Natur, den der erste Frühlingsvollmond markiert, ein Zeichen, das wirklich zur Osterbotschaft gehört: Die Schöpfung redet von uns und zu uns; wir verstehen uns selbst und Christus nur recht, wenn wir auch die Stimme der Schöpfung zu hören lernen.

Ich möchte aber hier die Aufmerksamkeit auf jenes Symbol lenken, das im Mittelpunkt des jüdischen Pascha stand und damit von selbst auch zum Kern der österlichen Bildsprache der Kirche wurde, nämlich das Osterlamm. Es ist merkwürdig, welche Rolle das Bild des Lammes in der Bibel spielt. Es begegnet uns auf ihren ersten Seiten in der Erzählung vom Opfer des Schafhirten Abel, und es wird zur Mitte von Himmel und Erde im letzten Buch der Heiligen Schrift. Nach der Geheimen Offenbarung kann allein das Lamm die Siegel der Geschichte lösen. Dem Lamm, das aussieht wie geschlachtet und das dennoch lebt, gilt die Huldigung aller Geschöpfe im Himmel und auf der Erde. Das Lamm, das sich klaglos töten läßt, steht für die Sanftmut, von der gesagt ist: »Selig die Sanftmütigen, denn sie werden das Land besitzen« (Mt 5,5). Mit seiner Todeswunde sagt es uns, daß am Ende nicht diejenigen, die töten, die Sieger sein werden; die Welt lebt vielmehr von dem, der sich opfert. Das Opfer dessen, der zum geschlachteten Lamm wird, hält Himmel und Erde zusammen. In diesem Opfer liegt der wahre Sieg. Von ihm geht das Leben aus, das der Geschichte durch alle Schrecklichkeiten hindurch Sinn gibt und sie am Ende in einen Gesang der Freude verwandelt.

Was das Bild vom Lamm bedeutet, ist mir aber mehr noch als in den eben angesprochenen Texten erkennbar geworden in der rätselhaftesten Lammgeschichte der Bibel, die immer wieder den Protest der Lesenden herausgefordert hat, aber gerade so auch zum Stachel tieferen Fragens nach Gott und zum Weg für ein besseres Verstehen seines Geheimnisses geworden ist. Ich meine die Geschichte von der Opferung Isaaks. Den Berg hinaufsteigend stellt er das Fehlen des Opfertieres fest. Auf die Frage danach erhält er von seinem Vater die Auskunft: »Gott wird vorsorgen...« (Gen 22,8). Erst im Augenblick, da Abraham das Messer gegen Isaak kehren will, zeigt sich, wie wahr er gesprochen hat: Im Gestrüpp hat sich der Widder verfangen, der an die Stelle Isaaks als Opfer tritt. Das jüdische Denken hat sich immer wieder jenem geheimnisvollen Augenblick zugewandt, in dem Isaak gebunden auf dem Altar liegt: Israel hat darin oft genug seine eigene Situation erkennen müssen, hat im gebundenen Isaak, gegen den sich das Messer des Todes kehrt, sich selbst gesehen und so von ihm her versucht, Hoffnung zu finden, sein eigenes Geschick zu verstehen. Es hat gleichsam in Isaak der Wahrheit des Wortes nachgelauscht: Gott wird vorsorgen. So erzählt eine jüdische Überlieferung, daß Gott in dem Augenblick, da Isaak einen Angstschrei ausstieß, den Himmel aufriß, wo der Knabe die unsichtbaren Heiligtümer der Schöpfung und die Chöre der Engel erblickte. Damit hängt eine andere Tradition zusammen, wonach Isaak den gottesdienstlichen Ritus Israels geschaffen habe; darum sei der Tempel nicht auf den Sinai, sondern auf den Morijah gebaut worden. Alle Anbetung kommt demnach gleichsam aus diesem Blick Isaaks heraus – aus dem, was er dort geschaut und von daher vermittelt hat. Schließlich gehören in diesen Zusammenhang auch die Überlegungen zur Bedeutung des Namens Isaak, der die Wurzel »lachen« in sich trägt. Die Bibel sieht darin zunächst eine Anspielung auf das ungläubige und traurige Lachen Abrahams und Saras, die nicht glauben wollen, daß sie noch einen Sohn erhalten können (vgl. Gen 17,17; 18,12). Aber mit der Einlösung der Verheißung wird daraus das freudige Lachen, in dem sich die Verkrampfung der Einsamkeit löst in die Freude der Erfüllung hinein (vgl. Gen 21,6). Spätere Überlieferungen beziehen das Lachen nicht mehr bloß auf Isaaks Eltern, sondern auch auf ihn selbst. Und in der Tat: Hatte er nicht Grund zu lachen, als nach der ungeheuren Anspannung der Todesangst sich plötzlich der gefangene Widder als des Rätsels Lösung erwies? Sollte er nicht lachen, als das grausige und traurige Drama des Aufstiegs und der Fesselung plötzlich einen so unerwarteten und nach dem erschreckenden Beginn beinahe komischen, aber eben doch befreienden und erlösenden Abschluß fand? In diesem Augenblick zeigte sich, daß die Weltgeschichte nicht Tragödie, das unentrinnbare Trauerspiel widerstreitender Mächte, sondern *divina commedia* ist: Der, der den Blick aufs Letzte getan hatte, konnte lachen.

Wie die jüdische Überlieferung sich immer wieder neu in die Geschichte Isaaks hineinversenkte, so vermochten auch die Kirchenväter von diesem Text nicht loszukommen. Auch sie fragten: Was hat Isaak in jenem äußersten Augenblick erfahren, als er gebunden auf dem Holzstoß lag? Was hat er gesehen? Ihre Antwort ist einfacher und realistischer als die der jüdischen Gelehrten. Sie sagen ganz schlicht: Er hat den Widder gesehen, der ihn ablöste und damit in diesem Augenblick auch er-löste. Er hat den Widder gesehen, der so zum Kern des jüdischen Kultes überhaupt wurde. Auch die Väter sagen, daß der jüdische Kult im Letzten das Erlebnis dieses Augenblicks fortführen und festhalten will: Er will Erlösung durch Ablösung bewirken. Und auch sie wissen, daß Isaak – den Widder sehend – Grund hatte, froh zu sein; daß dieser Anblick ihm das Lachen zurückgab, das ihm zuvor vergangen war.

Die Väter gehen aber noch einen Schritt weiter: Isaak hat den Widder gesehen, das bedeutet: Er hat das Zeichen des Kommenden gesehen, *den* Kommenden, der Lamm wurde. Er hat, indem er das Lamm sah, den gesehen, der sich für uns im Gestrüpp der Geschichte fangen ließ, der sich für uns binden ließ und unsere Ablösung wurde, die unsere Erlösung ist. Insofern hat Isaak nach den Vätern wirklich den Blick in den Himmel getan. Der Blick auf den Widder *war* der Blick in den geöffneten Himmel. Denn darin sah er den Gott, der vorsorgt und auch an der Schwelle des Todes, gerade dort, steht. Der Blick auf den Widder war der Blick auf den Gott, der nicht nur vorsorgt, sondern der selbst Vorsorge ist – der zum Lamm wird, damit der Mensch Mensch werde und lebe. Indem Isaak den Widder sah, sah er im Letzten genau das gleiche, was Johannes auf Patmos im offenen Himmel erblickte; Johannes beschreibt es so: »Und ich sah: Zwischen dem Thron und den vier Lebewesen und mitten unter den Ältesten stand ein Lamm; es sah aus wie geschlachtet... Und alle Geschöpfe im Himmel und auf der Erde, unter der Erde und auf dem Meer, alles, was in der Welt ist, hörte ich sprechen: Ihm, der auf dem Thron sitzt, und dem Lamm gebühren Lob und Ehre und Herrlichkeit und Kraft in alle Ewigkeit« (Apk 4,6.13). Indem Isaak das Lamm sah, sah er, was Kult ist: Gott selbst bereitet sich seinen Kult, durch den er den Menschen ablöst, erlöst und ihm das Lachen der Freude zurückgibt, das zum Lobgesang der Schöpfung wird.

Nun könnte man sich fragen: Was sollen wir mit Kirchenvätern und mit jüdischen Geschichten? Mir scheint indes, es sei nicht schwer, zu sehen, daß der Isaak, von dem wir hier reden, wir selber sind. Wir steigen den Berg der Zeit hinauf und tragen selbst die Werkzeuge unseres Todes mit uns. Am Anfang ist das Ziel noch weit. Wir denken noch nicht daran; noch genügt uns die Gegenwart: der Morgen auf dem Berg, das Lied des Vogels, die Helligkeit der Sonne. Wir meinen, wir bräuchten keine Auskunft über das Ziel, weil der Weg sich selber genügt. Aber je länger er sich hinzieht, desto unausweichlicher wird die Frage: Wo geht es eigentlich hin? Was soll das Ganze? Wir schauen befremdet auf die Zeichen des Todes, die wir vorher gar nicht wahrgenommen hatten, und der Verdacht steigt auf, daß das ganze Leben eigentlich nur eine Variation des Todes sei; daß wir Betrogene sind und daß das Leben eigentlich kein Geschenk, sondern eine Zumutung ist. Und dann ist da diese dunkle Antwort: »Gott wird vorsorgen«, die eher nach Ausrede denn nach Erklärung klingt. Wo sich diese Meinung durchsetzt, wo die Auskunft »Gott« nicht mehr glaubhaft ist, erstirbt der Humor; der Mensch hat nichts mehr zu lachen, und nur ein grausamer Sarkasmus bleibt übrig oder jene Aufgebrachtheit gegen Gott und die Welt, die wir alle kennen. Wer aber das

Lamm gesehen hat – Christus am Kreuz – der weiß: Gott *hat* vorgesorgt. Der Himmel wird nicht aufgerissen, niemand von uns hat die »unsichtbaren Heiligtümer der Schöpfung und die Chöre der Engel« erblickt. Alles, was wir sehen können, ist – wie bei Isaak – das Lamm, von dem der Apostel Petrus sagt, daß es schon bereitgestellt wurde vor der Grundlegung der Welt (1 Petr 1,20). Aber der Blick auf das Lamm – auf den gekreuzigten Christus – ist nun eben doch unser Blick auf den Himmel, unser Blick auf die ewige Vorsorge Gottes. In diesem Lamm sehen wir dennoch einen Spalt weit in den Himmel hinein; wir sehen die Sanftmut Gottes, die weder Gleichgültigkeit noch Schwäche ist, sondern die höchste Kraft. Wir sehen auf diese und nur auf diese Art die Heiligtümer der Schöpfung und vernehmen darin etwas vom Gesang der Engel, ja, wir können versuchen, im Alleluja des Ostertags ein wenig darin mitzusingen. Weil wir das Lamm sehen, können wir lachen und können wir danken; von ihm her erkennen auch wir, was Anbetung heißt.

Kommen wir noch einmal zurück zu den Kirchenvätern. Sie haben im Lamm, wie wir hörten, die Vorankündigung Jesu gesehen; sie stellen darüber hinaus fest, daß Jesus das Lamm und Isaak zugleich ist. Er ist das Lamm, das sich fangen, anbinden und töten ließ. Er ist zugleich auch Isaak, der in den Himmel hineinsah; ja, anders als Isaak hat er nicht nur in Chiffren hineingesehen, sondern ist hineingegangen: Seitdem ist die Grenze zwischen Gott und Mensch aufgebrochen. Jesus ist Isaak, der als der Auferstandene den Berg des Todes wieder heruntersteigt, das Lachen der Freude auf seinen Zügen. Alle Worte des Auferstandenen tragen diese Freudigkeit – das Lachen der Erlösung – in sich: Wenn ihr sehen werdet, was ich gesehen habe und sehe, wenn ihr erst einmal den Blick auf das Ganze gewinnt, dann werdet ihr lachen (vgl. Joh 16,20).

Zur barocken Liturgie gehörte einst der *risus paschalis*, das österliche Lachen. Die Osterpredigt mußte eine Geschichte enthalten, die zum Lachen reizte, so daß die Kirche von fröhlichem Gelächter widerhallte. Das mag eine etwas oberflächliche und vordergründige Form christlicher Freude sein. Aber ist es nicht eigentlich doch etwas sehr Schönes und Angemessenes, daß Lachen zum liturgischen Symbol geworden war? Und tut es uns nicht wohl, daß wir in den barocken Kirchen aus dem Spiel der Putten und der Ornamente noch immer das Lachen hören, in dem sich die Freiheit der Erlösten kundgab? Und ist es nicht Zeichen eines österlichen Glaubens, daß Haydn über seine Kirchenkompositionen sagte, im Gedanken an Gott habe er eine gewisse Freude empfunden, so daß »ich [fährt er fort], wie ich die Worte der Bitte aussprechen wollte, meine Freude nicht unterdrücken konnte, sondern meinem fröhlichen Gemüte Luft machte und miserere etc. mit 'Allegro' überschrieb«?

Die Himmelsvision der Geheimen Offenbarung sagt, was wir an Ostern durch den Glauben sehen: Das getötete Lamm lebt. Weil es lebt, endet unser Weinen und wird in Lachen umgewandelt (vgl. Apk 5,4f). Der Blick auf das Lamm ist unser Blick auf den aufgerissenen Himmel. Gott sieht uns, und Gott handelt, wenn auch anders, als wir denken und als wir es ihm vorschreiben möchten. Erst seit Ostern können wir eigentlich den ersten Glaubensartikel vollends aussprechen; erst von Ostern her ist er gefüllt und tröstend: »Ich glaube an Gott, den allmächtigen Vater«. Denn erst vom Lamm her wissen wir, daß Gott wirklich Vater und daß er wirklich allmächtig ist. Wer das begriffen hat, kann eigentlich nie mehr ganz traurig und nie verzweifelt werden. Wer es begriffen hat, wird der Versuchung Widerstand leisten, sich je auf die Seite der Schlächter zu stellen. Wer es verstanden hat, wird keine letzte Angst empfinden, wenn er selbst in die Situation des Lammes gerät. Denn dann ist er am allersichersten Ort.

Dazu also lädt uns Ostern ein: auf Jesus nicht nur zu hören, sondern hörend auch von innen her sehen zu lernen. Dieses größte Fest des Kirchenjahres ermutigt uns, im Blick auf ihn, den Getöteten und Auferstandenen, den offenen Spalt im Himmel zu entdecken. Wenn wir die Auferstehungsbotschaft begreifen, dann erkennen wir, daß der Himmel über der Erde nicht ganz geschlossen ist. Dann dringt – noch scheu und doch mächtig – etwas vom Licht Gottes in unser Leben herein. Dann wird in uns die Freude aufgehen, auf die wir sonst vergeblich warten, und jeder, in den etwas von dieser Freude eingedrungen ist, kann auf seine Weise ein Spalt sein, durch den der Himmel auf die Erde blickt und zu ihr kommt. So kann dann wahr werden, was die Geheime Offenbarung voraussieht: Alle Geschöpfe im Himmel und auf der Erde, unter der Erde und auf dem Meer, alles was in der Welt ist, ist erfüllt von der Freude der Erlösten (vgl. Apk 5,13). Im Maß, als wir solches erkennen, erfüllt sich das Wort des scheidenden und im Scheiden doch wieder neu kommenden Jesus: »Eure Trauer wird sich in Freude kehren« (Joh 16,20). Und wie Sara können österlich glaubende Menschen sagen: »Gott ließ mich lachen; jeder, der davon hört, wird mit mir lachen« (Gen 21,6).

Christi Himmelfahrt
Der Beginn einer neuen Nähe
(Tafel 2, Seite 10)

In die Geschichte von Christi Himmelfahrt hat der Evange-
list Lukas eine Bemerkung eingeflochten, die mir immer
wieder erstaunlich scheint, sooft ich sie mir auch theologisch schon zu erklären versucht habe. Lukas sagt nämlich
in seinem Evangelium, daß die Jünger voll großer Freude
waren, als sie vom Ölberg zurückgingen nach Jerusalem.
Mit unserer normalen Psychologie will das nicht recht
zusammenstimmen: Die Himmelfahrt des Herrn war die
letzte Erscheinung des Auferstandenen; die Jünger wußten,
daß sie ihn nun in dieser Welt nicht mehr sehen würden.
Gewiß ist dieser Abschied nicht demjenigen des Karfreitag
vergleichbar. Denn damals war Jesus offensichtlich geschei-
tert gewesen, und alle vorangegangenen Hoffnungen muß-
ten nun als ein großer Irrtum erscheinen. Der Abschied am
vierzigsten Tag nach der Auferstehung hat demgegenüber
etwas Triumphales und Zuversichtliches an sich: Jesus ist ja
diesmal nicht in den Tod, sondern in das Leben hinein weg-
gegangen. Er ist nicht besiegt, sondern Gott hat ihm Recht
gegeben. So ist ohne Zweifel Grund zur Freude da. Aber
wenn Verstand und Wille sich freuen, muß das Gefühl noch
nicht unbedingt mittun. Es könnte mitten im Verstehen
von Jesu Sieg unter dem Verlust der menschlichen Nähe leiden. Die Angst des Verlassenseins könnte aufsteigen, noch
dazu im Blick auf die unermeßliche Aufgabe, die bevor-

stand: ins Unbekannte hinauszugehen und von Jesus Zeugnis zu geben vor einer Welt, die in den Jüngern nur etwas aus den Fugen geratene kleine Leute aus dem Judenland sehen konnte.

Aber da steht unverrückt das Wort von der großen Freude der Heimkehrenden. Ganz werden wir dieses Wort nie aufschlüsseln können, sowenig wie wir die Freude der Märtyrer zu verstehen vermögen: das Singen eines Maximilian Kolbe im Hungerbunker; den freudigen Lobpreis Gottes, den Polykarp auf dem Scheiterhaufen sprach, und so vieles andere. Bei den Heiligen der Nächstenliebe finden wir die gleiche große Freude gerade in den Augenblicken, in denen sie den Kranken und Leidenden die schwierigsten Dienste erwiesen – und gottlob sind dies ja nicht nur vergangene Geschichten. So können wir von solchen Erfahrungen her etwas ahnen davon, wie die Freude des Sieges Christi nicht nur den Verstand trifft, sondern sich auch dem Herzen mitteilen kann und damit erst wirklich ankommt. Erst wenn etwas davon auch in uns selber aufgeht, haben wir das Fest Christi Himmelfahrt verstanden. Was hier geschehen ist, ist das Ankommen der Endgültigkeit der Erlösung im Herzen des Menschen, so daß Erkenntnis Freude wird.

Wie das im einzelnen zugegangen sein mag – wir wissen es nicht. Aber die Heilige Schrift gibt uns immerhin einige Anhaltspunkte. Lukas erzählt uns z.B., daß sich Jesus in den vierzig Tagen nach der Auferstehung den Augen der Jünger zeigte und ihren Ohren, indem er ihnen die Dinge des Reiches Gottes erklärte. Er fügt dann noch ein drittes Wort hinzu, in dem er das Miteinander dieser Tage auslegt – ein etwas seltsames Wort, das die ökumenische Übersetzung mit »gemeinsames Mahl« wiedergibt. Aber wörtlich sagt es, der

Herr habe »Salz mit ihnen gegessen«. Salz war die kostbarste Gabe der Gastfreundschaft und insofern Ausdruck der Gastlichkeit überhaupt. So müßte man wohl eher übersetzen: Er nahm sie in seine Gastfreundschaft auf, in eine Gastfreundschaft, die nicht nur ein äußeres Geschehen ist, sondern Beteiligung am eigenen Leben bedeutet. Salz ist aber auch ein Passionssymbol; es ist Würze, und es ist Konservierungsmittel, das der Verwesung, dem Tod entgegenwirkt. Was immer das geheimnisvolle Wort sagen mag, die Absicht ist einigermaßen klar: Jesus hatte den Sinnen und den Herzen der Jünger das Geheimnis fühlbar gemacht. Es war nicht mehr bloß Idee, es umfaßte noch recht wenig an verstandlich Gewußtem, aber sie waren von seinem Kern her bis ins Körperliche hinein berührt. Sie kannten Jesus und seine Botschaft nicht mehr bloß von außen, sondern sie lebte in ihnen selbst.

Noch eine zweite Notiz des Evangelisten scheint mir wichtig. Er sagt, daß Jesus die Hände ausbreitete und sie segnete. Im Segnen entschwand er. Sein letztes Bild sind die ausgebreiteten Hände, die Gebärde des Segnens. Die Himmelfahrtsikone des christlichen Ostens, die im Kern bis in die früheste Entwicklung der christlichen Kunst zurückreicht, hat diese Szene zur eigentlichen Mitte des Ganzen gemacht. Himmelfahrt ist Gebärde des Segnens. Die Hände Christi sind zum Dach geworden, das uns deckt, und zugleich zur öffnenden Kraft, die die Tür der Welt nach oben hin auftut. Im Segnen geht er, aber auch das Umgekehrte gilt: Im Segnen bleibt er. Das ist fortan die Art seiner Beziehung zur Welt und zu jedem von uns: Er segnet, er ist selbst Segen für uns geworden. So könnte vielleicht gerade dieses Wort am ehesten die Mitte des Ereignisses aufschließen und den seltsamen Widerspruch eines Abschieds klären, der ganz Freude ist: Das Ereignis, das die Jünger erfahren hatten, war Segnung gewesen, und als Gesegnete gingen sie davon, nicht als Verlassene. Sie wußten, daß sie für immer Gesegnete waren und unter segnenden Händen standen, wohin immer sie gingen.

So betrachtet, rückt die Notiz des heiligen Lukas ganz in die Nähe einiger Sätze aus den Abschiedsreden Jesu, die uns Johannes berichtet. Zunächst fällt schon auf, welche Rolle dort das Wort von der Freude spielt. Zunächst freilich müssen die Jünger durch die Erfahrung der Traurigkeit hindurchgehen; ja, die Erfahrung des Entzugs, des Verlierens der Gemeinschaft ist notwendig, damit sie zur Freude kommen können. »Ich lasse euch nicht als Waisen zurück, ich komme zu euch«, sagt Jesus (Joh 14,18), und mit diesem Kommen ist gerade jene neue Erfahrung der Nähe gemeint, die Lukas mit dem Wort vom Segnen umschreibt. Denn diesem Satz der Abschiedsreden entspricht der andere: »Ich werde den Vater bitten und er wird euch einen anderen Beistand geben, damit er mit euch sei für immer« (Joh 14,16). Die Theologie der Ostkirche hat das Gebet des Herrn um den anderen Beistand mit dem Segen des Himmelfahrtstages identisch gesetzt: Die segnenden Hände sind auch bittende Hände, betende Hände. Sie sind immerfort aufgehoben vor dem Vater und bitten ihn, daß er die Seinen nie mehr allein lasse, daß immer von innen her der Tröster bei ihnen sei. Wenn wir Lukas und Johannes zusammenlesen, dürfen wir sagen: Die Jünger haben gerade im Anblick des segnend-betenden Jesus gewußt, daß nun wahr ist: »Ich lasse euch nicht als Waisen zurück, ich komme zu euch.« Sie haben gewußt, daß nun unzweifelhaft gilt: »Ich bin bei euch, alle Tage bis zum Ende der Welt« (Mt 28,20). Sie haben gewußt, daß Christus nun immerfort kommt als Segen; daß er sozusagen immerfort

Salz mit ihnen ißt, daß sie in allen Drangsalen Gesegnete sein und bleiben werden.

Die liturgischen Texte der Ostkirche stellen noch einen weiteren Aspekt des Vorgangs heraus. Es heißt da: »Der Herr ist aufgestiegen, um das gefallene Bild Adams wieder aufzuheben und uns den Geist zu senden, auf daß er unsere Seelen heilige.« Bei der Himmelfahrt Christi geht es auch um den zweiten Teil des *Ecce homo.* Pilatus hat der versammelten Masse den geschundenen und zerschlagenen Jesus gezeigt und damit auf das geschändete und getretene Antlitz des Menschen überhaupt hingewiesen. »Seht euch an – das ist der Mensch«, hatte er gesagt. Film und Theater von heute stellen uns immer wieder – mitunter mitleidsvoll, oft zynisch und manchmal mit masochistischer Lust an der Selbstverhöhnung – den erniedrigten Menschen in allen Stadien des Grauens vor: Das ist der Mensch, sagen sie uns immerfort. Die Evolutionstheorie zieht die Linie nach rückwärts aus, zeigt uns ihre Funde, den Lehm, aus dem der Mensch geworden ist, und hämmert es uns ein: Das ist der Mensch. Ja, das Bild Adams ist gefallen; es liegt im Schmutz und wird noch immer beschmutzt. Aber Christi Himmelfahrt sagt den Jüngern, sagt uns: Die Gebärde des Pilatus ist nur die halbe Wahrheit und weniger als das. Christus ist nicht nur Haupt voll Blut und Wunden; er ist Herrscher über die ganze Welt. Seine Herrschaft bedeutet nicht Zertrampelung der Erde, sondern daß ihr der Glanz zurückgegeben wird, von Gottes Schönheit und Macht zu reden. Christus hat das Bild Adams aufgehoben: Ihr seid nicht nur Schmutz; ihr reicht über alle kosmischen Dimensionen bis zum Herzen Gottes hinauf. Christi Himmelfahrt ist die Rehabilitierung des Menschen: Nicht das Geschlagenwerden erniedrigt, sondern das Schla-

gen; nicht das Bespucktsein erniedrigt, sondern das Bespuk-
ken; nicht der Verhöhnte, sondern der Verhöhnende ist
geschändet; nicht der Hochmut erhebt den Menschen, sondern die Demut; nicht die Selbstherrlichkeit macht ihn groß,
sondern die Gemeinschaft mit Gott, zu der er fähig ist.

Christi Himmelfahrt ist also nicht ein Schauspiel für die
Jünger, sondern ein Vorgang, in den sie selbst hineingenommen sind. Es ist ein *Sursum corda*, eine Bewegung nach oben,
in die wir alle hineingerufen werden. Es sagt uns, daß der
Mensch nach oben zu leben kann, daß er der Höhe fähig ist.
Mehr – die Höhe, die allein den Maßen des Menschseins
angemessen ist, ist die Höhe Gottes selbst. Auf dieser Höhe
kann der Mensch leben, und nur von dieser Höhe her verstehen wir ihn recht. Das Bild des Menschen ist aufgehoben,
aber wir haben die Freiheit, es herabzureißen oder uns auf-
heben zu lassen. Man versteht den Menschen nicht, wenn
man nur danach fragt, woher er kommt. Man versteht ihn
erst, wenn man auch fragt, wohin er gehen kann. Erst von seiner Höhe her erhellt sich sein Wesen wirklich. Und nur wenn
diese Höhe wahrgenommen wird, erwächst eine unbedingte
Ehrfurcht vor dem Menschen, die ihn auch in seinen Ernied-
rigungen noch heilig hält; nur von dorther kann man das
Menschsein in sich und in den anderen wirklich lieben lernen. Deshalb darf die Anklage nicht zum wichtigsten Wort
über den Menschen werden. Gewiß, auch Anklage ist nötig,
damit Schuld als Schuld erkannt wird und vom rechten Sein
des Menschen unterschieden werde. Aber die Anklage allein
genügt nicht: Isoliert man sie, so wird sie Negation und
damit selbst eine Weise der Schändung des Menschen.

Deswegen ist es auch nicht richtig, wenn man heute
manchmal sagt, der Glaube müsse das subversive Gedächtnis

der Menschheit wachhalten, das sie hindere, sich mit dem Unrecht dieser Welt abzufinden. Allerdings lehrt der Glaube uns ein Gedächtnis, das Gedächtnis des Kreuzes und der Auferstehung Jesu Christi. Aber dieses Gedächtnis ist nicht subversiv. Es erinnert uns gewiß daran, daß Adams Bild gefallen ist, aber es erinnert uns vor allem daran, daß dieses Bild wieder aufgehoben wurde, und daß es auch als gefallenes immer noch das Bild von Gottes geliebtem Geschöpf ist. Der Glaube hindert uns an der Vergeßlichkeit, ja; er weckt die eigentliche, die verschüttete Erinnerung des Ursprungs wieder in uns: daß wir von Gott herkommen; und er fügt die neue Erinnerung hinzu, die sich im Fest Christi Himmelfahrt ausspricht: daß der eigentliche, richtige Platz unseres Existierens Gott selber ist und daß wir immer von dorther den Menschen ansehen müssen. Das Gedächtnis des Glaubens ist in diesem Sinn ein ganz positives Gedächtnis: Es legt das positive Grundmaß des Menschen wieder frei, und dieses zu kennen, ist ein viel wirksamerer Schutz gegen jede Verkleinerung des Menschen als die bloße Erinnerung an die Negationen, die am Schluß nur Verachtung für den Menschen übriglassen kann. Die wirksamste Gegenkraft gegen den Verderb des Menschen liegt im Gedächtnis seiner Größe, nicht im Gedächtnis seiner Schändungen. Christi Himmelfahrt prägt uns das Gedächtnis der Größe ein. Sie immunisiert uns gegen den falschen Moralismus der Verächtlichmachung des Menschen. Sie lehrt uns Ehrfurcht, und sie gibt uns die Freude am Menschsein zurück.

Wenn man dies alles bedenkt, erledigt sich die Behauptung von selbst, Christi Himmelfahrt sei die Kanonisierung eines überholten Weltbildes. Es geht um die Maße des Menschseins, nicht um Stockwerke des Alls. Es geht um Gott

und den Menschen, um die wirkliche Höhe des Menschseins, nicht um den Platz von Gestirnen. Diese Einsicht darf
uns nun allerdings nicht dazu verführen, Christentum
ganz weltlos zu denken und den Glauben zu einer reinen
Gesinnungsfrage zu machen. Es gibt durchaus auch eine
richtige, sinnvolle Beziehung des Glaubens auf die Ganzheit der geschaffenen Welt, für die übrigens auch das alte
Weltbild eine Wegweisung werden kann. Das ist nicht ganz
leicht zu erklären, weil durch den technischen Gebrauch
der Welt unsere Vorstellungsfähigkeit verändert worden
ist. Vielleicht kann es einen Einstieg bieten, wenn wir uns
noch einmal an den klassischen Typ der ostkirchlichen
Ikone von Christi Himmelfahrt erinnern. Dort ist die Tatsache, daß der Ölberg Schauplatz dieses Ereignisses war,
durch einige Ölbaumzweige angedeutet, die aus der Sil-
houette herausragen, die Himmel und Erde trennt. Damit
ist zunächst die Erinnerung an die Nacht von Gethsemane
angerührt: Der Ort der Angst wird zum Ort der Zuversicht.
Gerade dort, wo das Drama des Todes und seiner Erniedri-
gung von innen her durchgestanden wurde, vollzieht sich
die Erneuerung des Menschen. Gerade dort beginnt sein
wahrer Aufstieg. Aber die Blätter des Ölbaums sprechen
auch in sich selbst: Sie drücken die Güte der Schöpfung
aus, den Reichtum ihrer Gaben, das Einssein von Schöpfung und Mensch, wo sie beide vom Schöpfer her verstanden werden. Sie sind Zeichen des Friedens. So werden sie
hier Zeichen einer kosmischen Liturgie. Die Geschichte
Jesu Christi ist nicht nur eine Begebenheit zwischen Menschen auf einem armseligen Planeten irgendwo im Schweigen des Alls. Sie umfaßt Himmel und Erde, die ganze Wirklichkeit. Wenn wir Liturgie feiern, ist es nicht eine Art

Familienkränzchen, in dem wir uns gegenseitig die Stütze einer überschaubaren Gemeinschaft zukommen lassen. Die christliche Liturgie hat kosmische Ausmaße: Wir stimmen in den Lobpreis der Schöpfung ein und geben zugleich der Schöpfung eine Stimme.

Zum Schluß möchte ich noch einen weiteren Gedanken anfügen, der sich diesmal aus der Bildtradition des Westens ergibt. Sie kennen sicher alle jene köstlich-naiven Bilder, auf denen zu Häupten der Jünger nur noch die Füße Jesu sichtbar sind, die aus der Wolke herausragen. Die Wolke wiederum ist außen ein dunkler Kreis, im Innern aber loderndes Leuchten. Mir kommt vor, daß gerade in der scheinbaren Naivität dieser Darstellung sehr Tiefes zur Anschauung kommt. Alles, was wir von Christus in der Zeit der Geschichte sehen, sind seine Füße und die Wolke. Seine Füße – was ist das? Man fühlt sich da zunächst an einen seltsamen Satz aus den Auferstehungsberichten des Matthäusevangeliums erinnert, wo gesagt wird, daß die Frauen die Füße des auferstandenen Herrn festhielten und ihn anbeteten. Als Auferstandener ragt er über die irdischen Maße hinaus; nur seine Füße können wir noch berühren, und wir berühren sie in der Anbetung. Hier könnte man darüber nachdenken, daß wir auf seine Spuren, in die Nähe seiner Schritte als Betende kommen. Betend gehen wir zu auf ihn, betend rühren wir ihn an, wenn auch in dieser Welt gleichsam immer nur von unten her, immer nur von ferne, immer nur auf der Spur seiner irdischen Schritte. Zugleich wird deutlich, daß wir die Fußspuren Christi nicht finden, wenn wir nur nach unten schauen, wenn wir nur Fußabdrücke messen und den Glauben ins Handgreifliche fassen wollen. Der Herr ist Bewegung nach oben, und nur indem wir uns selbst bewegen, indem wir aufschauen und aufsteigen, erkennen wir ihn. Wenn wir die Kirchenväter lesen, wird uns da allerdings noch etwas Wichtiges hinzugefügt: Das rechte Aufsteigen des Menschen geschieht gerade da, wo er in der demütigen Zuwendung zum anderen sich sehr tief zu bücken lernt, bis zu den Füßen herunter, bis zur Gebärde der Fußwaschung. Gerade die Demut, die sich bücken kann, bringt den Menschen nach oben; gerade sie ist jene Dynamik des Aufstiegs, die uns das Himmelfahrtsfest lehren will.

Das Bild der Wolke weist in dieselbe Richtung. Es erinnert an jene Wolke, die Israel auf seiner Wüstenwanderung voranging: Am Tag war sie Wolke, Feuersäule bei Nacht. Auch »Wolke« ist ein Ausdruck für eine Bewegung, für eine Wirklichkeit, die wir nicht fangen und festlegen können; für eine Wegweisung, die nur hilft, wenn wir ihr nachgehen – für den Herrn, der uns immer voraus ist. Sie ist Verhüllung und Gegenwart zugleich: So ist sie zum Sinnbild der sakramentalen Zeichen geworden, in denen der Herr uns vorausgeht, in denen er sich verbirgt und sich berühren läßt zugleich.

Kehren wir noch einmal zu unserem Ausgangspunkt zurück. Die Himmelfahrt hat die Jünger froh werden lassen. Sie wußten, daß sie nie mehr allein sein würden. Sie wußten, daß sie Gesegnete waren. Dieses Wissen möchte die Kirche in den vierzig Tagen nach Ostern auch uns einprägen. Sie möchte, daß es auch für uns nicht nur ein Wissen des Verstandes, sondern ein Wissen des Herzens werde, damit auch uns die große Freude überkomme, die den Jüngern nicht mehr zu nehmen war. Damit Wissen des Herzens entstehe, ist Begegnung nötig – ein inneres Hineinhören in das Reden des Herrn, ein inneres Vertrautwerden mit ihm, wie es die Schrift mit dem Wort vom gemeinsamen Salzessen umschreibt. Zu diesem inneren Offenwerden lädt uns das Fest Christi Himmelfahrt ein. Je mehr es uns gelingt, desto mehr werden wir die große Freude verstehen, die an einem Tag aufgegangen ist, dessen scheinbarer Abschied in Wahrheit der Anfang einer neuen Nähe gewesen ist.

Der Heilige Geist und die Kirche
(Tafel 3, Seite 11)

Die Klage, daß in der Kirche zuwenig vom Heiligen Geist geredet werde, ist oft zu hören. Manchmal steigert sie sich zu der Meinung, es müsse eine gewisse Symmetrie zwischen dem Reden von Christus und demjenigen vom Heiligen Geist geben; jeder Rede von Christus müsse auch eine Rede vom Heiligen Geist entsprechen. Wer solches fordert, vergißt aber, daß Christus und der Geist dem dreifaltigen Gott zugehören. Er vergißt, daß die Trinität nicht als ein symmetrisches Nebeneinander zu verstehen ist. Wäre es so, dann würden wir eben doch an drei Gottheiten glauben, und damit wäre gründlich verkannt, was das christliche Bekenntnis zu dem einen Gott in drei Personen meint. Hier kann uns die Liturgie der Ostkirche wie so oft einen wertvollen Hinweis geben. Sie feiert am Pfingstsonntag das Fest der Heiligsten Dreifaltigkeit, am Montag die Ausgießung des Geistes und am Sonntag darauf das Fest Allerheiligen. Dieses liturgische Gefüge gehört fest zueinander und zeigt uns etwas von der inneren Logik des Glaubens. Der Heilige Geist ist keine isolierte und keine isolierbare Größe. Sein Wesen ist es, daß er uns in die Einheit des dreifaltigen Gottes verweist. Wenn in der Geschichte des Heils, die wir von Weihnachten bis Ostern durchwandern, Vater und Sohn in ihrem Gegenüber, in Sendung und Gehorsam erscheinen, so stellt der Geist nicht ein Drittes noch einmal daneben oder dazwischen: Er führt uns zur Einheit Gottes. Auf ihn hinzuschauen bedeutet, das bloße Gegenüber zu überwinden und den Ring der ewigen Liebe zu erkennen, die höchste Einheit ist. Wer vom Geist reden will, muß von der Dreieinigkeit Gottes reden. Wenn die Lehre vom Heiligen Geist in gewisser Hinsicht eine Korrektur zu einer einseitigen Christozentrik sein soll, dann besteht diese Korrektur darin, daß der Geist uns lehrt, Christus ganz im Geheimnis des trinitarischen Gottes zu sehen: als unseren Weg zum Vater, im immerwährenden Gespräch der Liebe mit ihm.

Der Heilige Geist verweist auf die Trinität, und gerade so verweist er auf uns. Denn der trinitarische Gott ist das Urbild der neuen, geeinten Menschheit; das Urbild der Kirche, als deren Gründungswort man das Gebet Jesu ansehen darf: »Laß sie eins sein, wie wir eins sind« (Joh 17,11.21f). Die Trinität ist Maß und Grund der Kirche: Sie soll das Wort des Schöpfungstages zum Ziel bringen »Laßt uns den Menschen machen nach unserem Bild und Gleichnis« (Gen 1,26). In ihr soll die Menschheit, die in ihrer Zerrissenheit geradezu zum Gegenbild Gottes wurde, wieder der eine Adam werden, dessen Bild – wie die Väter sagen – durch die Sünde zerfetzt wurde und jetzt in Stücken herumliegt. Das göttliche Maß des Menschen soll in ihr wieder zum Vorschein kommen, Einheit, »wie wir eins sind«. So ist die Trinität, Gott selbst, das Urbild der Kirche; Kirche bedeutet nicht eine andere Idee zum Menschen hinzu, sondern das Auf-den-Weg-Kommen des Menschen zu sich selbst. Wenn aber der Heilige Geist die Einheit Gottes ausdrückt und ist, dann ist er das eigentliche Lebenselement der Kirche, in dem sich das Gegenüber zum Miteinander versöhnt und die versprengten Stücke Adams wieder zur Einheit gefügt werden.

Darum also beginnt die liturgische Darstellung des Heiligen Geistes mit der Feier der Dreifaltigkeit. Solche Feier sagt uns, was der Geist ist: nichts in sich selbst, das man neben anderes stellen könnte, sondern das Geheimnis, daß Gott in Liebe ganz eins, ganz einer ist, und daß er als Liebe doch zugleich Gegenüber, Austausch, Gemeinschaft ist. Und von der Trinität her sagt uns der Geist, was Gottes Idee mit uns ist: Einheit nach dem Bilde Gottes. Er sagt uns aber auch, daß wir Menschen untereinander nur einig werden können, wenn wir uns in einer höheren Einheit, gleichsam in einem Dritten finden: Nur wenn wir mit Gott eins sind, können wir untereinander einig werden. Der Weg zum anderen führt über Gott; wenn es dieses Medium unserer Einheit nicht gibt, bleiben wir ewig durch Abgründe voneinander geschieden, die auch kein guter Wille überbrücken kann.

Jeder, der wachen Sinnes sein Menschsein erfährt, nimmt wahr, daß wir hier nicht von bloßen theologischen Theorien reden. Die letzte Unzugänglichkeit des anderen, die Unmöglichkeit, sich einander zu geben und dauerhaft zu verstehen, ist vielleicht selten so dramatisch erfahren worden wie in unserem Jahrhundert. »Leben heißt einsam sein, keiner kennt den anderen, jeder ist allein«, hat Hermann Hesse es formuliert. Wenn ich mit dem anderen rede, ist es, als ob eine Wand aus Milchglas zwischen uns stünde: Wir sehen uns und sehen uns doch nicht; wir sind uns nahe und können uns doch nicht nahekommen. So hat Albert Camus dieselbe Erfahrung umschrieben.

Pfingsten, die Gegenwart des trinitarischen Geheimnisses in unserer Menschenwelt, ist die Antwort auf diese Erfahrung. Der Heilige Geist hat mit der menschlichen Grundfrage zu tun: Wie können wir zueinander kommen? Wie kann ich ich selber bleiben, die Andersheit des anderen respektieren und dennoch aus dem Gitter der Einsamkeit heraustreten und den anderen von innen berühren? Die asiatischen Religionen haben dies mit dem Gedanken des Nirwana beantwortet: Solange es das Ich gibt, geht das nicht, sagen sie. Das Ich selbst ist das Gefängnis. Ich muß das Ich auflösen, die Personalität als Gefängnis und als Ort der Unerlöstheit hinter mir lassen, mich fallen lassen ins Nichts als in das wahre All hinein. Erlösung ist Ent-Werdung, und die muß geübt werden: die Rückkehr ins Nichts, das Abstreifen des Ich als die allein wahre und endgültige Befreiung. Wer die Last des Ich und die Last des Du Tag um Tag erlebt, kann die Faszination eines solchen Programms verstehen. Aber ist wirklich das Nichts besser als das Sein, das Auflösen der Person besser als ihr Erfüllen?

Ein bloßer Aktivismus ist keine Antwort auf solche mystische Flucht; im Gegenteil: Er ruft diese Flucht hervor. Denn alle neuen Vorrichtungen, die er schafft, werden nur neue Gefängnisse, wenn Ich und Du sich nicht versöhnen. Ich und Du aber können sich nicht versöhnen, wenn der Mensch mit seinem eigenen Ich unversöhnt bleibt. Wie aber soll er es annehmen, dieses Ich, das allzeit durstige und begehrende, das nach Liebe schreit, nach dem Du, und sich doch zugleich durch das Du verletzt, bedroht und eingeengt fühlt? Gegenüber dem großen Wollen der asiatischen Religionen sind übrigens auch die modernen Techniken der Gruppendynamik, der Versöhnung des Menschen mit sich selbst und mit dem Du, trotz ihrer ausgeklügelten Künste nur armselige Ersatzlösungen. Ich und Du werden gleichsam auf Sparflamme gesetzt, an Regeln gewöhnt, um sich so wenig wie möglich wahrzunehmen und nicht einander zu zerreiben. Ihre göttliche Leidenschaft wird auf ein paar Triebe reduziert und der Mensch wie ein Apparat behandelt, dessen Gebrauchsanweisung man kennen muß. Man versucht, das Problem des Menschseins zu lösen, indem man den Menschen überhaupt leugnet und ihn als ein montierbares System von Abläufen behandelt, die man beherrschen lernen kann.

Nun werden Sie vielleicht fragen: Was hat das alles mit dem Heiligen Geist und der Kirche zu tun? Die Antwort lautet: Die christliche Alternative zum Nirwana ist die Trinität, jene letzte Einheit, in der das Gegenüber von Ich und Du nicht zurückgenommen ist, sondern im Heiligen Geist sich ineinanderfügt. In Gott gibt es Personen, und gerade so ist er Verwirklichung letzter Einheit. Gott hat die Person nicht geschaffen, damit sie aufgelöst werde, sondern damit sie sich öffne in ihre ganze Höhe und in ihre äußerste Tiefe – dorthin, wo der Heilige Geist sie umfängt und die Einheit der getrennten Personen ist. Das klingt nun vielleicht sehr theoretisch; wir müssen versuchen, uns Schritt für Schritt dem Lebensprogramm zu nähern, das darin liegt.

Auf diesen Weg kommen wir, wenn wir uns noch einmal auf den Fortgang der liturgischen Feiern in der Ostkirche besinnen. Nach dem Trinitätsfest am Pfingstsonntag wird die Geistausgießung, die Gründung der Kirche, am Montag gefeiert; am Sonntag darauf das Fest Allerheiligen, so hatten wir gesagt. Die Gemeinschaft aller Heiligen, das ist die nach dem trinitarischen Muster zur Einheit geformte Menschheit; die künftige Stadt, die doch jetzt schon im Entstehen ist, und die wir mit unserem Leben zu bauen versuchen. Sie ist das Idealbild der Kirche, sozusagen am Ende der Woche, an deren Anfang die irdische Kirche steht, die im Abendmahlssaal zu Jerusalem begann. Die Kirche in der Zeit ist ausgespannt zwischen dieser Kirche des Anfangs und der immer schon wachsenden Kirche des Endes. In der künstlerischen Tradition des Ostens ist die Kirche des Anfangs, die Kirche des Pfingsttages, die Ikone des Heiligen Geistes. Der Heilige Geist wird anschaubar und darstellbar in der Kirche. Wenn Christus die Ikone des Vaters, das Bild Gottes und zugleich das Bild des Menschen ist, so ist die Kirche das Bild des Heiligen Geistes. Von da aus können wir verstehen, was Kirche eigentlich, im Tiefsten ihres Wesens ist: die Überwindung der Grenze von Ich und Du, die Vereinigung der Menschen untereinander durch die Selbstüberschreitung in ihren Grund hinein, in die ewige Liebe. Kirche ist das Einbezogenwerden der Menschheit in die Lebensweise des trinitarischen Gottes. Darum ist sie nicht Sache einer Gruppe, eines befreundeten Kreises; darum kann sie nicht Nationalkirche sein oder sich mit einer Rasse oder einer Klasse identifizieren: Sie muß, wenn es so ist, katholisch sein, »die zerstreuten Kinder Gottes zur Einheit sammeln«, wie es das Johannesevangelium (11,52) formuliert.

Das Wort vom Ent-Werden, das den spirituellen Prozeß der asiatischen Religionen schildert, mag wenig geeignet sein, um den christlichen Weg darzustellen. Richtig aber ist, daß zum Christsein ein Aufbrechen und Aufgebrochenwerden gehört, wie es dem gestorbenen Weizenkorn widerfahren muß, damit es – sich öffnend – Frucht bringt. Christwerden ist ein Vereinigtwerden: Die Scherben des zerbrochenen Bildes Adams müssen zusammengefügt werden. Christsein ist nicht Selbstbestätigung, sondern Aufbruch in die große Einheit hinein, die die Menschheit aller Orte und aller Zeiten umfaßt. Die Flamme des unendlichen Verlangens wird nicht gelöscht, sondern aufgerichtet, so daß sie sich mit dem Feuer des Heiligen Geistes vereint. Die Kirche beginnt darum nicht als ein Club, sondern sie beginnt katholisch: Sie spricht an ihrem ersten Tag in allen Sprachen, in den Sprachen des Erdkreises. Sie war zuerst universal, bevor sie Ortskirchen hervorbrachte. Die Universalkirche ist nicht eine Föderation von Ortskirchen, sondern deren Mutter. Die Gesamtkirche hat die Teilkirchen geboren, und diese können nur Kirche bleiben, indem sie sich immerfort aus ihrer Teilhaftigkeit lösen und ins Ganze hinein überschreiten: Allein so, vom Ganzen her, sind sie Ikone des Heiligen Geistes, der die Dynamik der Einheit ist.

Wenn wir von der Kirche als Ikone des Heiligen Geistes und von diesem als Geist der Einheit sprechen, so dürfen wir allerdings einen auffallenden Zug der Pfingstgeschichte nicht außer acht lassen. Es heißt da: Die Zungen von Feuer teilten sich, auf jeden von ihnen ließ sich eine nieder (Apg 2,3). Der Heilige Geist ist jedem persönlich und jedem auf seine Weise gegeben. Christus hat die menschliche Natur angenommen, das, was uns alle verbindet, und von ihr her verbindet er uns. Der Heilige Geist aber ist jedem als Person gegeben; durch ihn wird Christus für einen jeden von uns zur persönlichen Antwort. Die Vereinigung der Menschen, wie sie die Kirche bewirken soll, geschieht nicht durch die Auslöschung der Person, sondern durch ihre Vollendung, die ihre unendliche Offenheit bedeutet. Darum gehört zur Verfassung der Kirche einerseits das Prinzip der Katholizität: Keiner handelt aus bloß eigenem Willen und eigener Genialität; jeder muß handeln, sprechen, denken aus dem Gemeinschaftlichen des neuen Wir der Kirche, das mit dem Wir des dreieinigen Gottes im Austausch steht.

Aber gerade darum gilt andererseits, daß keiner nur als Vertreter einer Gruppe und eines Kollektivsystems handelt, sondern jeder in der persönlichen Verantwortung des im Glauben geöffneten und gereinigten Gewissens steht. Die Ausschaltung von Willkür und Egoismus sollte in der Kirche nicht durch Gruppenproporz und Mehrheitszwang erreicht werden, sondern durch das vom Glauben geformte Gewissen, das nicht aus dem Eigenen schöpft, sondern aus dem gemeinsam im Glauben Empfangenen. In seinen Abschiedsreden schildert der Herr das Wesen des Heiligen Geistes mit diesen Worten: »Er wird euch in die ganze Wahrheit einführen, denn er wird nicht aus dem Eigenen reden, sondern was er hört, das wird er sagen, und das Kommende wird er euch verkünden« (Joh 16,13). Hier wird der Geist zur Ikone der Kirche; durch die Beschreibung des Heiligen Geistes klärt der Herr, was Kirche ist und wie sie leben muß, um sie selbst zu sein. Christlich reden und handeln vollzieht sich in dieser Weise: nie nur ich selber sein. Christ werden heißt: die ganze Kirche in sich aufnehmen oder vielmehr sich von innen her aufnehmen lassen in sie. Wenn ich rede, denke, handle, tue ich es als Christ immer im Ganzen und aus dem Ganzen heraus: So kommt der Geist zu Wort, und so kommen die Menschen zueinander. Sie kommen auswendig nur zueinander, wenn sie zuvor inwendig zueinandergekommen sind: wenn ich inwendig weit geworden bin, offen und groß; wenn ich die anderen durch mein Mitglauben und Mitlieben in mich aufgenommen habe, so daß ich nie mehr allein bin, sondern mein ganzes Wesen von diesem Mit geprägt wird.

Solches Reden aus dem Hören, aus dem Empfangen und nicht im eigenen Namen, mag auf den ersten Blick die Genialität des einzelnen behindern. Es behindert sie gewiß, wenn Genialität nur eine Übersteigerung des Individuums ist, das sich zu einer Art von Gottheit auszudehnen versucht. Die

Erkenntnis von Wahrheit und das Fortschreiten behindert diese Weise des Denkens aber gewiß nicht: Der Heilige Geist führt gerade dadurch, daß er so handelt, in die ganze Wahrheit ein, in das von Jesus noch nicht Ausgesprochene, und gerade so kündigt er auch das Künftige an: Neue Erkenntnis empfangen wir nicht durch Abschließung des Ich; Wahrheit erschließt sich nur im Mitdenken mit dem, was vor uns erkannt worden ist. Die Größe eines Menschen hängt am Maß seiner Teilhabefähigkeit; nur im Kleinwerden, im Sich-Beteiligen am Ganzen, wird er groß.

Paulus hat dies auf eine wunderbare Formel gebracht, wenn er seine Bekehrung und seine Taufe mit den Worten umschreibt: »Ich lebe, doch nicht mehr ich; Christus lebt in mir« (Gal 2,20). Christsein ist seinem Wesen nach Bekehrung, und Bekehrung im christlichen Sinn ist nicht die Änderung einiger Ideen, sondern ein Todesvorgang: Die Grenzen des Ich werden aufgebrochen; das Ich verliert sich selbst, um sich neu zu finden in einem größeren Subjekt, das Himmel und Erde, Vergangenheit, Gegenwart und Zukunft umspannt und darin die Wahrheit selbst berührt. Dieses »Ich und doch nicht mehr ich« ist die christliche Alternative zum Nirwana. Wir könnten auch sagen: Der Heilige Geist ist diese Alternative. Er ist die Kraft der Offenheit und der Verschmelzung in jenes neue Subjekt hinein, das wir Leib Christi oder Kirche nennen. Hier zeigt sich nun freilich auch, daß das Zueinanderkommen kein billiger Vorgang ist. Ohne den Mut der Bekehrung, des Sich-aufbrechen-Lassens nach der Weise des Weizenkorns geht es nicht. Der Heilige Geist ist Feuer; wer nicht gebrannt werden will, darf sich ihm nicht nahen. Aber er muß dann auch wissen, daß er in der tödlichen Einsamkeit des verschlossenen Ich versinkt und daß alle Gemeinschaft, die am Feuer vorbei versucht wird, zuletzt nur Spielerei und leerer Schein bleibt. »Wer mir nahe ist, ist dem Feuer nahe«, lautet ein bei Origenes überliefertes außerbiblisches Jesuswort. Es weist auf den Zusammenhang von Christus, Heiligem Geist und Kirche in unnachahmlicher Weise hin.

Lassen Sie mich schließen mit einem Wort des heiligen Johannes Chrysostomus, das in die gleiche Richtung geht. Es schließt sich an die Erzählung in der Apostelgeschichte an, wie Paulus und Barnabas in Lystra einen Gelähmten heilten. Die aufgeregte Menge erblickte in den beiden seltsamen Männern, die über solche Macht verfügten, einen Besuch der Götter Zeus und Hermes, rief die Priester herbei und wollte ihnen ein Stieropfer darbringen. Die beiden sind entsetzt und rufen der Menge zu: Wir sind leidensfähige Menschen wie ihr, gekommen, euch das Evangelium zu bringen (Apg 14,8-18). Chrysostomus bemerkt dazu: Richtig, sie waren Menschen wie die anderen und doch anders als sie, denn der menschlichen Natur war eine Feuerzunge hinzugefügt worden. Das macht den Christen aus – daß ihm zu seiner menschlichen Existenz eine Feuerzunge hinzugegeben wird. So entsteht Kirche. Einem jeden ist sie gegeben, ganz persönlich; er ist Christ als diese Person, in einer einmaligen und unwiederholbaren Weise. Er hat »seinen Geist«, seine Feuerzunge, so sehr, daß wir im liturgischen Gruß uns auf diesen Geist des anderen beziehen: »und mit deinem Geiste«. Der Heilige Geist ist sein Geist, seine Feuerzunge geworden. Aber weil er doch der eine ist, können wir durch ihn einander anreden, miteinander die eine Kirche bilden.

Dem Menschsein ist eine Feuerzunge hinzugefügt: Diesen Ausdruck müssen wir jetzt korrigieren. Feuer ist nie etwas, was einfach zum anderen hinzukommt und dann neben ihm besteht. Feuer brennt und verwandelt. Der Glaube ist eine Feuerzunge, die uns brennt und umschmilzt, damit immer mehr gelten könne: ich und doch nicht mehr ich. Wer freilich dem Durchschnittschristen von heute begegnet, muß sich fragen: Wo ist die Feuerzunge geblieben? Was von christlichen Zungen kommt, ist leider häufig alles andere als Feuer. Es schmeckt eher wie abgestandenes, knapp lauwarmes Wasser, nicht warm und nicht kalt. Wir wollen weder uns selbst noch andere brennen, aber auf diese Weise halten wir uns fern vom Heiligen Geist, und christlicher Glaube sinkt ab zu selbstgemachter Weltanschauung, die möglichst nichts von unseren Bequemlichkeiten verletzen will und sich die Schärfe des Protestes für dort aufspart, wo es uns in unseren Lebensgewohnheiten kaum stören kann. Wo wir dem brennenden Feuer des Heiligen Geistes ausweichen, wird Christsein freilich nur auf den ersten Blick bequem. Die Bequemlichkeit des einzelnen ist die Unwohnlichkeit des Ganzen. Wo wir uns dem Feuer Gottes nicht mehr aussetzen, werden dafür die Reibungen aneinander unerträglich, und Kirche wird, wie Basilius es ausdrückte, von Parteiengeschrei zerrissen. Nur wenn wir die Feuerzunge nicht fürchten und den Sturm, der sie mit sich bringt, wird Kirche Ikone des Heiligen Geistes. Und nur dann öffnet sie die Welt auf das Licht Gottes hin. Kirche begann, als die Jünger sich einmütig im Abendmahlssaal versammelt hatten und beteten. So beginnt sie immer wieder. Im Gebet um den Heiligen Geist müssen wir sie jeden Tag neu herbeirufen.

Das Apsismosaik von San Clemente zu Rom

(Tafel 4, Seite 12)

Wenn wir vom Atrium aus, das uns mit seinem Säulenum-
gang und dem Brunnen in der Mitte an die Anlage des altrö-
mischen Hauses erinnert, die geschichtsreiche Kirche des
heiligen Clemens zu Rom betreten, nimmt uns unmittelbar
der Blick auf das große Apsismosaik mit seinem goldenen
Hintergrund und seinen leuchtenden Farben gefangen.
Unser Auge bleibt schließlich bei dem Kreuzbild in der Mitte
haften: Christus hat sein Haupt geneigt und seinen Geist in
die Hände des Vaters gegeben. Von seinem Gesicht, von der
ganzen Gestalt geht ein großer Friede aus. Wenn wir nach
einem Titel für diese Darstellung des Gekreuzigten suchen
wollten, fallen uns wohl unmittelbar Worte wie Versöhnung,
Friede ein. Der Schmerz ist überwunden; nichts von Zorn,
von Bitterkeit, von Anklage liegt in dem Bild. Das biblische
Wort, daß die Liebe stärker ist als der Tod, wird hier anschaubar. Der Tod ist da nicht das Eigentliche, was wir sehen. Wir
sehen Liebe, die durch den Tod nicht aufgehoben, sondern
erst recht hervorgetreten ist. Das irdische Leben ist erlo-
schen, aber die Liebe ist geblieben. So scheint durch die
Kreuzigungs-Szene schon die Auferstehung hindurch.

Verweilen wir weiter vor dem Mosaik, dann bemerken
wir, daß dieses Kreuz in Wirklichkeit ein Baum ist, aus dem
unten vier Wasserquellen entspringen, an denen Hirsche
ihren Durst stillen; der Gedanke an die vier Paradiesesströme

steigt auf, und das Psalmwort kommt uns in den Sinn: »Wie der Hirsch nach den Wasserquellen, so sehnt sich meine Seele nach dir, o Gott« (Ps 42,2). Der Baum, der aus lebendigen Wassern kommt, ist fruchtbar: Wir merken nun, daß das reiche Rankenwerk, das die ganze Breite des Bildes ausfüllt, nicht einfach Ornament ist; es ist ein großer Weinstock, dessen Zweige aus den Wurzeln und Ästen des Kreuzesbaumes hervorwachsen. In großen, kreisenden Bewegungen breiten sie sich über die ganze Welt aus und ziehen sie in sich hinein. Die Welt selbst wird ein einziger großer Weingarten. Zwischen seinen Ranken und mitten in seinen Windungen bewegt sich die Fülle geschichtlichen Lebens. Die Arbeit der Hirten, der Bauern und der Mönche, Tiere und Menschen aller Art – die ganze bunte Vielfalt des Daseins finden wir in Bildern voller Phantasie und Lebensfreude dargestellt.

Aber da ist noch etwas: Das Kreuz wächst nicht nur in die Breite. Es hat seine Höhe und seine Tiefe. Wir sahen schon, daß es unten in die Erde hineinreicht, sie tränkt und sie zum Blühen bringt. Nun müssen wir noch auf seine Höhe achten: Von oben her, aus dem Geheimnis Gottes heraus, reicht die Hand des Vaters herunter. So kommt Bewegung in das Bild. Die göttliche Hand scheint das Kreuz einerseits herunterzusenken aus der Höhe des Ewigen, um der Welt Leben und Versöhnung zu bringen. Aber sie zieht zugleich nach oben. Der Abstieg der Güte Gottes holt den ganzen Baum mit all seinem Geäst in den Aufstieg des Sohnes, in die nach oben führende Dynamik seiner Liebe hinein. Die Welt bewegt sich vom Kreuz her nach oben, auf das Freie und Weite der Verheißungen Gottes zu. Das Kreuz schafft eine neue Dynamik: Das ewig vergebliche Kreisen um das immer Gleiche, die nutzlose Kreisbewegung der ewigen Wiederkehr wird aufgebrochen. Das absteigende Kreuz ist gleichsam der Angelhaken Gottes, mit dem er die ganze Welt hinaufzieht zu seiner Höhe. Nicht mehr Kreisen, sondern Aufsteigen ist nun die Richtung der Geschichte und des menschlichen Lebens: Es hat ein Wohin erhalten. Es geht mit Christus auf die Hände Gottes zu.

Aber nun müssen wir fragen: Gibt es das alles wirklich? Oder ist dies eine der Utopien, der nie verwirklichten, mit denen die Menschheit sich über das Umsonst ihrer Geschichte zu trösten versucht? Steht irgendeine Realität hinter dem Bild? Kann es die versöhnte Welt geben, die zum großen Paradiesgarten des Lebens geworden ist? Zwei Überlegungen mögen uns zur Antwort verhelfen. Der Künstler hat nicht umsonst das Bild von der Welt als Weingarten Gottes genommen, der aus dem Kreuz herauswächst. Er denkt an das Wort Christi: »Ich bin der Weinstock, ihr die Rebzweige« (Joh 15,5). Das Kreuz als Weinstock verweist uns vom Mosaik herunter auf den Altar, auf dem die Frucht der Erde immer neu in den Wein der Liebe Jesu Christi verwandelt wird. In der Eucharistie wächst der Weinstock Christi in die ganze Breite der Erde hinein. In Ihrer weltweiten Feier zieht Gottes Weinstock seine Kreise über die Erde hin und nimmt ihr Leben in die Gemeinschaft mit Christus auf. So zeigt uns das Bild selbst den Weg zur Wirklichkeit: Laß dich hineinnehmen in den Weinstock Gottes, sagt es uns. Gib dein Leben hinein in den heiligen Baum, der immer neu aus dem Kreuze wächst. Werde selbst ein Zweig an ihm. Halte dein Leben hinein in die Versöhnung, die von Christus kommt, und laß dich von ihm nach oben ziehen.

Als das Apsismosaik von San Clemente geschaffen wurde, gab es noch kein Fronleichnamsfest. Aber der Sinn dieses

Tages ist darauf doch wundervoll dargestellt. Denn es zeigt ja, wie Eucharistie die Welt umspannt und sie verwandelt. Eucharistie gehört nicht bloß in den Kirchenraum und zu einer geschlossenen Gemeinde. Die Welt soll eucharistisch werden, im Weinstock Gottes wohnen. Das aber ist Fronleichnam: Eucharistie kosmisch feiern; sie einmal zeichenhaft hinaustragen auf unsere Straßen und Plätze, daß die Welt von der Frucht des neuen Weinstocks her, durch den Lebensbaum des Kreuzes Jesu Christi gesunde und Versöhnung empfange. In diesem Sinn feiern wir das Fest. Seine Prozession ist wie ein lauter Ruf an den lebendigen Gott: Ja, erfülle deine Verheißungen. Laß deinen Weinstock um die Erde wachsen und ihn zum Raum versöhnten Lebens für uns alle werden. Entgifte diese Welt durch deine Wasser des Lebens, durch den Wein deiner Liebe. Laß deine Erde nicht zerstören vom Haß und von der angemaßten Besserwisserei der Menschen. Du, Herr, bist selbst der neue Himmel – der Himmel, in dem Gott ein Mensch ist. Schenke uns die neue Erde, in der wir Menschen Zweige an dir, dem Baum des Lebens werden, getränkt von den Wassern deiner Liebe und mit hineingerissen in den Aufstieg zum Vater, der der allein wahre Fortschritt ist, auf den wir alle warten.

Portiunkula
Was Ablaß bedeutet

Wenn man von Süden her auf Assisi zufährt, trifft man als
erstes in der Ebene, die sich vor der Stadt hinbreitet, auf die
majestätische Basilika Santa Maria degli Angeli aus dem 16.
und 17. Jahrhundert mit einer klassizistischen Fassade des
vorigen Jahrhunderts. Offen gestanden, sie läßt mich kalt;
die Einfachheit und Demut des heiligen Franz kann man in
diesem mit großer Gebärde hingestellten Bau kaum spüren.
Was wir suchen, finden wir aber dann in der Mitte der Basilika: Eine mittelalterliche Kapelle, in der uns alte Fresken
von der Heilsgeschichte und aus der Geschichte des heiligen
Franz erzählen, die sich zum Teil an diesem Ort zugetragen
hat. In dem niedrigen und wenig erleuchteten Raum empfinden wir etwas von Sammlung und Ergriffenheit vor dem
Glauben der Jahrhunderte, der hier Zuflucht und Wegweisung fand. Zur Zeit des heiligen Franz war das umliegende
Gelände bewaldet; es war sumpfig und unbewohnt. Franz
stieß im dritten Jahr seiner Bekehrung auf dieses recht ver-
fallene Kirchlein, das der Benediktinerabtei auf dem Monte
Subasio gehörte. Wie er vorher schon mit seiner Hände
Arbeit die beiden Kirchen San Damiano und San Pietro wie-
derhergestellt hatte, so tat er es nun auch mit dem Portiun-
kula-Kirchlein, das der Muttergottes von den Engeln ge-
weiht war, in der er die Mutter aller Güte verehrte. Der
heruntergekommene Zustand dieser verschiedenen kleinen
Kirchen mußte ihm als ein trauriges Zeichen für den

Zustand der Kirche überhaupt erscheinen; noch wußte er nicht, daß er sich mit der Wiederherstellung dieser Räume darauf vorbereitete, die lebendige Kirche zu erneuern. Aber gerade in dieser Kapelle traf ihn nun der endgültige Ruf, der seiner Sendung ihre Form gab und den Orden der Minderen Brüder entstehen ließ, der freilich zunächst gar nicht als Orden gedacht war, sondern als eine Evangelisierungsbewegung, die das Volk Gottes neu für den wiederkommenden Herrn sammeln sollte.

Es ging Franz wie einst im dritten Jahrhundert dem heiligen Antonius von Ägypten: Er hörte in der Liturgie das Evangelium von der Aussendung der Zwölf durch den Herrn, die den Auftrag erhielten, das Reich Gottes zu verkünden und sich dafür ohne allen Besitz und alle weltlichen Sicherungen auf den Weg machen sollten. Franz hatte den Text zunächst nicht ganz begriffen; so ließ er ihn sich von dem Priester hernach eigens erklären, und nun wurde ihm klar: Dies ist mein Auftrag. Er legte seine Schuhe ab, behielt nur noch eine Tunika und machte sich auf, das Reich Gottes und die Buße zu verkünden. Nun gesellten sich nach und nach Gefährten zu ihm, die wieder wie die Zwölf von Ort zu Ort gingen und das Evangelium verkündeten, das für sie wie für Franziskus selbst Freude aus dem neuen Anfang heraus, Freude durch die Umkehr, durch den Mut zur Buße bedeutete. Portiunkula war für Franz der Ort geworden, an dem er endlich das Evangelium begriff, weil er es nicht mehr mit Theorien und Erklärungen umgab, sondern nun wörtlich leben wollte; weil er merkte, daß dies nicht Worte der Vergangenheit sind, sondern Worte, die ganz persönlich ihm gesagt waren. Deswegen hat er in Portiunkula der heiligen Klara das Ordenskleid übergeben und damit den Frauenorden gestiftet, der die evangelistische Aufgabe der Männer betend von innen her trug. Deswegen hat er sich dorthin zum Sterben bringen lassen.

Portiunkula heißt: kleine Portion, das kleine Stück Land. Franz wollte es von den Benediktinern nicht zu eigen, sondern nur geliehen bekommen für die Seinigen; und gerade so, als das nicht Eigene, sollte es das Eigene und Neue seiner Bewegung ausdrücken. Für sie sollte das Wort des Psalms 16 gelten, das im Alten Bund das besondere Geschick des Priesterstammes Levi ausdrückte, dem kein Land gehörte, sondern dessen Land allein Gott selber war: »Du, Herr, bist mein Anteil und mein Erbe – ja, mein Erbe gefällt mir wohl.«

Portiunkula ist, wir sahen es, zunächst einmal ein Ort, aber durch Franz von Assisi ist es zu einer Wirklichkeit des Geistes und des Glaubens geworden, die sich an dem Ort gleichsam sinnlich festmacht und selbst zu einem Ort wird, den wir betreten können, aber mit dem wir zugleich Geschichte des Glaubens und seine immer wirksame Kraft betreten. Daß Portiunkula nicht nur an große, vergangene Bekehrungsgeschichte erinnert, nicht eine bloße Idee vertritt, sondern uns immer noch in den lebendigen Zusammenhang von Buße und Gnade hineinzieht, hängt ganz wesentlich mit dem sogenannten Portiunkula-Ablaß zusammen, den man wohl richtig die Vergebung von Portiunkula nennt. Was sollen wir uns darunter vorstellen? Nach einer freilich erst Ende des 13. Jahrhunderts auftauchenden Überlieferung hat Franz von Assisi im Juli 1216 den eben erst gewählten Papst Honorius III. im nahen Perugia besucht, und dort habe er ihm eine ungewöhnliche Bitte vorgetragen: Der Papst möge allen, die in das Kirchlein von Portiunkula kommen, wenn sie ihre Sünden gebeichtet und bereut haben, den vollen Nachlaß von Schuld und Strafe für ihr ganzes bisheriges Leben gewähren.

Der Christ von heute wird sich fragen, was eine solche Vergebung zu bedeuten habe, wenn doch ohnedies Reue und Beichte vorausgesetzt werden. Um das zu verstehen, müssen wir uns klar machen, daß zu dieser Zeit trotz aller Veränderungen immer noch wesentliche Elemente der altkirchlichen Bußdisziplin weiterwirkten. Zu ihr gehörte die Überzeugung, daß Vergebung nach der Taufe nicht einfach im Akt der Lossprechung gewährt werden könne, sondern – wie schon zuvor in der Taufvorbereitung – eine wirkliche Umwandlung des Lebens, eine innere Aufarbeitung des Bösen verlange. Der sakramentale Akt mußte mit einem Existenzakt verbunden sein, mit einer realen Verarbeitung der Schuld, die man eben Buße nennt. Vergebung bedeutet nicht, daß dieser existentielle Prozeß überflüssig wird, sondern daß er einen Sinn erhält, daß er angenommen wird.

Zur Zeit des heiligen Franz hatte sich als die Hauptform solcher von der Kirche im Zusammenhang mit der Vergebung verhängter Buße das Auflegen einer großen Wallfahrt eingebürgert – nach Santiago, nach Rom, besonders nach Jerusalem. Der weite, gefährliche und beschwerliche Weg nach Jerusalem konnte wohl wirklich vielen zu einem inneren Weg werden; er hatte aber auch die ganz praktische Wirkung, daß die zugehörigen Spenden im Heiligen Land zur wichtigsten Quelle für den Unterhalt der Kirche und der Christen dort geworden waren. Darüber sollte man nicht leicht die Nase rümpfen: Die Buße hatte damit auch eine konkrete soziale Komponente bekommen. Wenn nun Franziskus – wie es ihm die Überlieferung zuschreibt – darum bittet, daß dies alles durch den betenden Besuch am heiligen Ort von Portiunkula abgegolten werden könne, so war damit wirklich etwas Neues verbunden: eine Ablöse, ein Ab-Laß, der das ganze Bußwesen verändern mußte. Man kann durchaus verstehen, daß die Kardinäle ob der Gewährung dieser Bitte durch den Papst ungehalten waren und für die Versorgung des Heiligen Landes fürchteten, so daß die Vergebung von Portiunkula zunächst auf einen Tag im Jahr, den Kirchweihtag am 2. August, beschränkt wurde.

Aber nun ist die Frage: Konnte der Papst das so einfach? Kann ein Papst von einem existentiellen Prozeß dispensieren, wie er mit der großen Kirchenbuße gemeint war? Natürlich nicht. Was eine innere Forderung menschlicher Existenz ist, kann nicht durch einen Rechtsakt überflüssig gemacht werden. Aber darum ging es gar nicht. Franz, der die Armen und die Armut entdeckt hatte, ging es wohl bei seiner Bitte um jene einfachen und beladenen Menschen, denen die Mittel oder die Kräfte für die Wallfahrt ins Heilige Land fehlten; die nichts geben konnten als ihren Glauben, als ihr Beten, als ihre Bereitschaft, ihre Armut vom Evangelium her zu leben. In diesem Sinn ist der Portiunkula-Ablaß die Buße der Beladenen, denen ihr Leben selbst schon Buße genug auferlegt. Zweifellos war damit aber nun überhaupt eine Verinnerlichung des Bußgedankens verbunden, wobei freilich der notwendige sinnliche Ausdruck nicht einfach fehlte, weil ja immer noch die Pilgerschaft an den einfachen und demütigen Ort Portiunkula dazugehörte, der immerfort auch eine Begegnung mit der Radikalität des Evangeliums sein sollte, wie sie Franziskus an dieser Stelle erlernt hatte. Es ist unleugbar, daß sich mit der Figur des Ablasses, die hier allmählich ihre Gestalt annahm, auch die Gefahr von Mißbräuchen verband, wie es uns die Geschichte drastisch genug lehrt. Aber wenn zuletzt nur noch die Mißbräuche in Erinnerung bleiben, dann sind wir einem Gedächtnisschwund und einer Oberflächlichkeit verfallen, mit der wir vor allem uns selber schaden. Denn wie immer ist das Große und Reine schwerer zu sehen als das Grobe und Niedrige.

Natürlich kann ich jetzt nicht das ganze Geflecht von Erfahrungen und Erkenntnissen ausbreiten, das sich von dem Geschehen in Portiunkula her entwickelt hat. Ich möchte nur versuchen, die wesentlichen Fäden herauszuziehen. Nach der Gewährung dieses besonderen Ablasses ergab sich alsbald ein weiterer Schritt. Gerade den einfachen und demütig glaubenden Menschen stellte sich die Frage: Warum nur für mich selbst? Kann ich nicht wie im materiellen, so auch im geistigen Bereich das mir Geschenkte weitergeben? Der Gedanke richtete sich dabei vor allem auf die Armen Seelen, die Menschen, die einem nahestehen, die vorangegangen sind in die andere Welt und deren Geschick einem nicht gleichgültig bleiben kann. Man wußte um die Schwächen und Fehler der Menschen, die einem lieb gewesen waren oder unter denen man vielleicht gelitten hatte. Warum sollte man sich nicht Sorge um sie machen? Warum nicht versuchen, ihnen über das Grab hinaus Gutes zu tun, ihnen womöglich auf der gefahrvollen Reise der Seele beizuspringen und zu Hilfe zu kommen?

Hier ist ein Urempfinden der Menschheit im Spiel, das sich in den Ahnen- und Totenkulten die ganze Menschheitsgeschichte hindurch vielfältigen Ausdruck geschaffen hat. Der christliche Glaube hat all dies nicht einfach für falsch erklärt, sondern gereinigt und in seinem reinen Sinn hervortreten lassen. »Leben wir, so leben wir dem Herrn; sterben wir, so sterben wir dem Herrn. Ob wir leben oder sterben, wir gehören dem Herrn«, sagt Paulus (Röm 14,8). Das bedeutet: Der Tod ist nicht mehr die eigentliche Grenze, sondern Zugehören oder Nichtzugehören zum Herrn. Wenn wir ihm zugehören, so sind wir durch ihn und in ihm beieinander. Deswegen – das war die ganz logische Forderung – gibt es eine Liebe über die Grenzen des Todes hinüber. So wurde die Frage, ob man etwas aus der geschenkten Kraft der Vergebung auch nach drüben weiterreichen könne, mit der Formel beantwortet, ja, man könne es, und zwar *per modum suffragii*, in der Weise der Fürbitte. Dem immer schon zur Kirche gehörenden Beten für die Verstorbenen wurde so eine besondere Intensität geschenkt. Und diese Zusage war es, die in der Tat den Ablaß über alle Mißbräuche und Mißverständnisse hinweg zu einer großen Einladung ins Gebet werden ließ. Hier muß ich einfügen, daß der ursprünglich an den Ort Portiunkula gebundene Ablaß im Lauf der Zeit zunächst auf alle Franziskaner- und schließlich auf alle Pfarrkirchen für den 2. August ausgedehnt wurde. Aus meiner Jugend ist mir der Portiunkula-Tag als ein Tag großer Innerlichkeit, als ein Tag gesammelten Empfangs der Sakramente und als ein Tag des Betens in Erinnerung. Auf dem Platz vor unserer Pfarrkirche herrschte an diesem Tag eine eigentümlich feierliche Stille. Immerfort gingen Menschen in der Kirche aus und ein. Man spürte, daß Christentum Gnade ist, und daß sie sich im Gebet erschließt. Ganz unabhängig von allen Ablaßtheorien war dies so weltweit ein Tag des Glaubens und ein Tag einer stillen Zuversicht, eines in besonderer Weise erhörungssicheren Gebetes, das vor allem auch den Toten galt.

Aber da ist im Lauf der Zeit noch ein Gedanke dazu gewachsen, der uns heute zunächst sehr befremdlich erscheinen mag und doch eine wichtige Wahrheit enthält. Je mehr der Ablaß als ein Eintreten für die anderen verstanden wurde, desto mehr schob sich ein weiterer Gedanke in den Vordergrund, der die neue Form theologisch begründete und sie zugleich weiterentwickelte. Das Beten in die andere Welt hinüber zog den Gedanken an die Gemeinschaft der Heiligen und des geistigen Güteraustauschs von selber nach sich. Nun werden Sie sagen: Was soll denn das wieder heißen? Ist das nicht ein unsinniger religiöser Merkantilismus? Die Frage verschärft sich, wenn ich daran erinnere, daß man in der Tat vom Schatz der Kirche sprach, der aus den Guttaten der Heiligen bestehe. Was soll das sein? Muß nicht jeder Mensch für sich selber einstehen? Was sollen die eventuellen guten Werke eines anderen für mich? So fragen wir, weil wir trotz aller sozialistischen Ideen doch immer noch aus dem verengten Individualismus der Neuzeit leben. In der Tat aber ist kein Mensch in sich selber geschlossen. Wir alle leben voneinander, nicht nur materiell, sondern auch geistig und moralisch. Machen wir es uns zunächst vom Negativen her klar. Es gibt Menschen, die nicht nur sich selbst zerstören, sondern andere mitverderben und Kräfte der Zerstörung hinterlassen, die ganze Generationen ins Negative treiben. Denken wir an die großen Verführer unseres Jahrhunderts, so wissen wir, wie real das ist. Die Negation der einen wird zu einer ansteckenden Krankheit, die die anderen mitreißt. Aber das gibt es gottlob nicht nur im Negativen. Es gibt Menschen, die sozusagen einen Überschuß an Liebe, an bestandenem Leid, an Lauterkeit und Wahrheit hinterlassen, der andere auffängt und mitträgt. Es gibt wirklich Stellvertretung im Innersten der Existenz. Das ganze Geheimnis Christi beruht darauf.

Nun kann man sagen: Gut, das gibt es. Aber der Überschuß der Liebe Christi reicht, da braucht es nichts dazu. Er allein erlöst, und alles andere wäre Anmaßung, als ob wir zum Unendlichen seiner Liebe noch mit unserer Endlichkeit etwas dazutun müßten. Das stimmt, und es stimmt doch nicht ganz. Denn zur Größe der Liebe Christi gehört es, daß er uns nicht im Stand passiver Empfänger beläßt, sondern uns in sein Wirken und Leiden miteinbezieht. Der berühmte Text aus dem Kolosserbrief sagt dies: »Ich ergänze an meinem Fleische das, was an den Leiden Christi fehlt, für seinen Leib« (Kol 1,24). Ich möchte aber auch noch auf einen anderen neutestamentlichen Text hinweisen, in dem mir das wunderbar ausgedrückt zu sein scheint. Die Geheime Offenbarung des Johannes spricht von der Braut, der Kirche, in der die gerettete Menschheit überhaupt dargestellt ist. Während die Hure Babylon mit protzigem Schmuck und mit allem, was teuer und aufwendig ist, bekleidet erscheint, trägt die Braut nur ein einfaches Gewand aus weißem Linnen, freilich der besonders reinen, leuchtenden Byssus-Leinwand, die von großer Kostbarkeit ist. Dazu sagt nun der Text: »Dieses Linnengewand sind die Rechttaten der Heiligen« (19,8). Im Leben der Heiligen wird der strahlend weiße Byssus gewoben, der das Gewand der Ewigkeit ist.

Reden wir ohne Bild: Im geistlichen Bereich gehört allen alles. Da gibt es kein Privateigentum. Das Gute des anderen wird meines, und meines wird sein. Alles kommt von Christus her, aber weil wir zu ihm gehören, wird auch das Unsere zum Seinigen und erhält heilende Kraft. Das ist mit dem Wort vom Schatz der Kirche, den Rechttaten der Heiligen gemeint. Den Ablaß beten, heißt in diese geistige Gütergemeinschaft eintreten und sich ihr zur Verfügung stellen. Die

Wende im Begriff der Buße, die in Portiunkula begonnen hat, hat konsequent an diesen Punkt geführt: Auch geistlich lebt keiner für sich selbst. Und die Sorge um das eigene Seelenheil wird nur dann aus Angst und Egoismus befreit, wenn sie zur Sorge um das Heil der anderen wird. So ist Portiunkula und der dort entstandene Ablaß ein Auftrag, das Heil des anderen über das meine zu stellen und so gerade auch mich zu finden. Nicht mehr zu fragen: Werde ich gerettet, sondern: Was will Gott von mir, damit andere gerettet werden? Ablaß verweist auf die Gemeinschaft der Heiligen, auf das Geheimnis der Stellvertretung, auf das Gebet als Weg zum Einswerden mit Christus und mit seiner Gesinnung. Er lädt uns ein, am weißen Gewand der neuen Menschheit mitzuweben, das gerade in seiner Einfachheit die wahre Schönheit ist.

Mit dem Ablaß ist es am Ende wie mit der Kirche von Portiunkula: Wie wir da durch die ein wenig befremdende Kälte des großen Baues hindurchgehen müssen, um in der Mitte das demütige Kirchlein zu finden, das unser Herz anrührt, so müssen wir durch die Windungen der Geschichte und der theologischen Ideen hindurchgehen zum ganz Einfachen: zu dem Beten, mit dem wir uns hineinfallen lassen in die Gemeinschaft der Heiligen, um mit ihnen am Überschuß des Guten gegenüber der scheinbaren Allmacht des Bösen zu wirken, wissend, daß letztlich alles Gnade ist.

Wolfgang von Regensburg
Ein europäischer Heiliger
(Tafel 5, Seite 13)

Heiligkeit ist heute kein Thema, das den Menschen besonders anziehend oder wichtig erscheint. Was wir heute suchen, klingt sehr viel nüchterner, sehr viel bescheidener: Glaubwürdigkeit. Unser Jahrhundert hat immer wieder den Sturz von Mächtigen gesehen, die vordem in unantastbarer Höhe zu stehen schienen und nun plötzlich, ihres Glanzes beraubt, auf der Anklagebank der Geschichte saßen. Immer wieder ist Vertrauen zerstört worden, und so droht allmählich der Mut des Vertrauens überhaupt zu schwinden. Die Verleumder des Menschen und die Verleumder Gottes, des Schöpfers, finden ein weites Feld: Man müsse den schönen Schein nur abblättern, dann komme hinter aller Moral und hinter aller Würde immer die gleiche Erbärmlichkeit zum Vorschein. So wird Autorität allmählich unmöglich, und das scheint fürs erste ein Sieg der Freiheit zu sein. Aber in Wirklichkeit wird die Welt nur dunkler und ärmer, wenn Vertrauen nicht mehr geschenkt werden kann. Deswegen werden wir immer wieder nach glaubwürdigen Menschen Ausschau halten, die auch von innen das sind, was sie nach außen darstellen. Nur wenn wir sie finden, können Politikverdrossenheit und Kirchenmüdigkeit überwunden werden.

Wie müßte eigentlich der glaubwürdige Politiker, wie der glaubwürdige Hirte aussehen? Platon hat in einer ähnlichen Vertrauenskrise der Gesellschaft gesagt, die Blindheit der durchschnittlichen Politik beruhe darauf, daß ihre Vertreter um Macht kämpfen, »als wäre sie ein großes Gut«. Der wirkliche Politiker müsse ein Mensch sein, der dieses Streben nach dem Schein und dem Erscheinen durchschaut habe. Er müsse ein Mensch sein, der Politik als Dienst auffaßt und sie als Last auf sich nimmt, als einen Verzicht auf das Größere, das er verkostet hat: die Schönheit des Erkennens, das Freisein für die Wahrheit. Die Maßstäbe für den rechten Hirten in der Kirche sind gar nicht wesentlich anders. Wer das Priestertum oder das Bischofsamt als einen Zuwachs an Macht und an Ansehen erstreben würde, hätte es gründlich mißverstanden. Wer mit solchen Ämtern vor allem selbst etwas werden will, wird immer Knecht der öffentlichen Meinung sein. Er muß schmeicheln, damit er in Geltung bleibt. Er muß sich anpassen. Er muß den Leuten nach dem Mund reden. Er muß sich den wechselnden Strömungen anpassen, und so wird er wahrheitslos, denn er muß morgen verurteilen, was er heute gelobt hat. Er liebt dann auch gar nicht mehr wirklich die Menschen, sondern im letzten nur sich selber, aber zugleich verliert er auch sich selber an die Meinung, die eben gerade die stärkere ist. Ich brauche nicht fortzufahren mit solchen Beschreibungen; wir kennen derlei Verhalten leider aus mancherlei Vorgängen des öffentlichen Lebens deutlich genug.

Kehren wir zur Frage nach dem glaubwürdigen Hirten zurück. Wie müßte er aussehen? Zur Glaubwürdigkeit gehört jedenfalls die Übereinstimmung von außen und innen. Aber das reicht nicht. Denn glaubwürdig in diesem Sinn ist auch ein böser Mensch, der sich offen als solcher bekennt. Zur rechten Glaubwürdigkeit gehört, daß das Innere dieses Menschen dem wahren Sinn des Menschseins entspricht.

Wir könnten einfach sagen: Wer nach außen gut erscheinen will, muß zuerst vor allem innen gut sein. Und gut ist der Mensch, der so ist, wie Gott sich den Menschen gedacht hat. Gut ist der Mensch, der gottgemäß ist; der Mensch, in dem etwas vom Licht Gottes aufleuchtet. Gut ist der Mensch, der nicht mit seinem eigenen Ich das Licht Gottes verdeckt, nicht sich selber davorstellt, sondern Gott durchscheinen läßt, indem er selbst zur Seite tritt. So führt der Weg von der Forderung der Glaubwürdigkeit von selbst zum Wort Heiligkeit zurück, wenn wir es nur recht, in seiner ursprünglichen Einfachheit verstehen.

Damit ist nun aber erst das angedeutet, was eigentlich für jeden Menschen gilt. Bei jemandem, der der Herde Christi dienen will, muß dies Allgemeine eine ganz bestimmte, diesem Auftrag gemäße Gestalt annehmen. Ich sagte schon, daß ein Priester oder Bischof in diesem Dienst nicht sein eigenes Ansehen, seine eigene Existenzsteigerung suchen darf. Der heilige Augustinus hat einmal erzählt, daß er nach seiner Priesterweihe im stillen geweint habe, nicht nur weil er die schöne Freiheit des Philosophen verloren hatte, sondern auch aus einem bedrängenden Wissen heraus: Nun trägst du nicht mehr nur deine Last, du mußt die anderen mittragen. Nun mußt du einmal nicht nur Verantwortung für dein eigenes Leben ablegen, du wirst auch nach den vielen gefragt werden, die dir anvertraut worden sind. Werde ich dem standhalten können? Werde ich ihnen so zu dienen vermögen, wie sie es verdienen? Etwas Ähnliches finden wir in der Geschichte der großen Berufungen immer wieder. Ein Mose, ein Jeremia, ein Jona sträuben sich mit allen Kräften gegen die Zumutungen Gottes, sein Mund und seine Hand zu werden. Sie fürchten nicht nur und nicht zuerst den Widerspruch der Menschen, den sie reichlich erfahren haben. Sie fürchten vor allem ihre eigene Unzulänglichkeit; sie sehen, wie weit sie mit ihrer eigenen menschlichen Statur hinter dem zurückbleiben, was sie sollen. Sie fürchten, daß sie gar nicht glaubwürdig sein können, wenn sie Gottes Worte auf ihre armseligen menschlichen Lippen nehmen. Nur scheinbar ist Jesaia ein Gegenbeispiel. Ihm ist die Herrlichkeit des dreimal heiligen Gottes erschienen, aber dann hört er die Stimme des Herrn, der sagt: Wen soll ich senden? Wer geht in meinem Auftrag? Und da antwortet er: »Hier bin ich, sende mich« (Jes 6,8). Er bietet sich nicht an, weil er etwas für sich erreichen will, sondern weil Gott seiner bedarf und weil er weiß, daß er in guten Händen ist, wenn er sich in Gottes Hände gibt. Mit diesem getrosten Bewußtsein konnten auch Mose, Jeremia und die vielen Gottesboten die Geschichte hindurch ihren Auftrag annehmen – glaubwürdig nicht durch ihre eigene Leistung und Größe, sondern glaubwürdig durch die Demut, mit der sie sich einem Dienst zur Verfügung stellten, den sie sich nicht selbst ausgesucht hatten. Glaubwürdig, weil sie ihr eigenes Ich zur Seite rückten und Gott Raum gaben.

So sind wir endlich bei dem Heiligen angelangt, dessen wir erst vor kurzem ein Jahr lang festlich gedacht haben: Wolfgang von Regensburg, der vor tausend Jahren – 994 – gestorben ist. Wolfgang hat das Bischofsamt nicht gesucht. Sein Lebensweg erscheint über eine lange Strecke hin als ein mühsames Suchen nach seiner wirklichen Berufung. Er studiert auf der Reichenau und in Würzburg, wird dann Domscholastiker in Trier; schließlich holt ihn Kaiser Otto I. an seine Kanzlei nach Köln. Den Bischofsstuhl, den ihm Erzbischof Bruno von Köln anbot, lehnte er ab. Er war noch nicht mit sich ins reine gekommen, und er wollte nicht einfach in das reichskirchliche System eintreten, das sich inzwischen entwickelt hatte. Er wollte seinen Weg finden. Wolfgang war vierzig Jahre alt geworden, ehe er sich zu einem eigenen Lebensentscheid durchgerungen hatte. Er wurde Mönch, nicht in dem aus der Jugendzeit vertrauten glanzvollen Kloster auf der Reichenau, sondern in Einsiedeln, das er sich wegen der strengen Regeldisziplin ausgesucht hatte. So wird ein tiefer und ringender Mensch vor uns sichtbar. Wir werden die Regel des heiligen Benedikt, der er sich nun mit ganzem Herzen unterstellte, als eine Art von innerem Porträt dieses Mannes auffassen dürfen. Da heißt es: »Wir wollen uns also mit dem Glauben umgürten, in Treue das Gute tun und unter der Führung des Evangeliums die Wege gehen, die der Herr uns zeigt, damit wir ihn schauen dürfen, der uns in sein Reich gerufen hat.«

»Unter der Führung des Evangeliums die Wege des Herrn gehen« – Wolfgang war noch nicht am Ziel angekommen, das Evangelium verlangte mehr von ihm. Europa war christlich geworden, aber dieses christliche Europa endete an den Grenzen Pannoniens, des heutigen Ungarn. Die Christenheit stand bewaffnet dem unruhigen Reitervolk im Osten gegenüber; in der Schlacht auf dem Lechfeld hatte 955 auch Bischof Ulrich von Augsburg gekämpft, der 968 Wolfgang zum Priester weihte. Aber nun war eine neue Stunde da. Wolfgang brach auf, wie einst die großen Missionare aus Irland und England auf den Kontinent gekommen waren. Er ging nach Ungarn, nicht mit dem Schwert, sondern mit dem Evangelium, als wehrloser Bote des wehrlosen Herrn Jesus Christus.

Sein Versuch der Missionierung scheiterte, aber sein Weg mit dem Evangelium und für das Evangelium war doch ein

Weg göttlicher Führung. Bischof Pilgrim von Passau zitierte den ihm wohl verdächtigen »umherschweifenden Mönch« zu sich, aber er erkannte durch die persönliche Begegnung in diesem Mann einen wahren Diener Jesu Christi und schlug ihn dem Kaiser als Bischof von Regensburg vor. Kaiserliche Berater äußerten Vorbehalte gegen den armen und unbekannten Mönch, aber der Vorschlag Pilgrims wurde angenommen. So ist Wolfgang 972/73 Bischof der Donaustadt geworden.

War er nun doch dem Karriere-Willen verfallen? Sein Biograph Otloh von St. Emmeram charakterisiert den Übergang zum Bischofsamt mit den Worten: *deserens monasterium, non monachum* – das Mönchsheim hat er verlassen, nicht das Mönchtum. Er war an der Stelle angelangt, an der er mit Jesaia sagen mußte: Da bin ich, Herr, sende mich. Oder an der Stelle des Jona, der – vom Walfisch ausgespien – wußte, daß er jetzt nicht mehr fliehen durfte, sondern Gottes Willen verkündigen mußte. Nun konnte er es auch, denn er hatte ja seine Berufung gefunden. Er war Mönch und Priester, bereit, die Wege zu gehen, »die der Herr uns zeigt«.

Die Bischofsjahre des heiligen Wolfgang sind durch zwei einschneidende Verzichte geprägt, die ganz auf der Linie dessen liegen, was wir bisher bedacht haben. Wolfgang hat seine Zustimmung zur Gründung des Bistums Prag und damit zur Abtrennung Böhmens von seiner Diözese gegeben. Für Bischöfe, die mehr als Reichsfürsten und von der Frage nach dem Besitzstand her dachten, mochte das seltsam erscheinen. Aber dieser heilige Bischof betrachtete seinen Auftrag nicht unter dem Gesichtspunkt der Macht. Seine Frage war es, wie dem Evangelium und durch dieses den Menschen am besten gedient werde. Die Worte, die er in diesem Augenblick gesprochen hat, zeigen die Gestalt des wahren Hirten: »Wir sehen im Boden jenes Landes eine kostbare Perle verborgen, die wir nicht, ohne unsere Schätze zu opfern, gewinnen können. Deshalb höret: Gern opfere ich mich selbst und das Meinige auf, damit dort die Kirche erstarke und das Haus des Herrn festen Boden gewinne.« Das sind Worte, die in die Gegenwart hereinreichen und uns angehen. Der Verzicht auf Böhmen, damit dort ein eigenes Bistum und eine lebendige Kirche aus den inneren Kräften des Landes erwachse, könnte ein starkes Band zwischen Regensburg und Prag, zwischen dem böhmischen und dem bayerischen Land werden. Denn hier begegnen wir beispielhaft jener Gesinnung, die Frieden schafft und Freundschaft begründet: Verzichtenkönnen macht nicht ärmer, sondern die Fähigkeit des Verzichtens ist immer wieder die Bedingung für wirkliche Größe, denn Größe hat mit Selbstlosigkeit, mit innerer Freiheit, mit Reinheit des Herzens und mit der Anerkennung des anderen, mit Gerechtigkeit und Liebe zu tun. Wenn wir des heiligen Wolfgang gedenken, so suchen wir nach diesen Haltungen. Sich seiner erinnern heißt, sich dem anderen öffnen in der gemeinsamen Suche nach den Wegen des Herrn, nicht nach unserer Vorstellung, sondern »unter der Führung des Evangeliums«.

Der andere Verzicht bestand darin, daß Wolfgang die Trennung zwischen Abtswürde und Bischofsamt vollzogen hat. Es mag ihm, der im Mönchtum seine Berufung gefunden hatte, besonders schwer gefallen sein, den Stab des Abtes von St. Emmeram aus der Hand zu legen, um nur noch Bischof von Regensburg zu sein. Aber Wolfgang sah sehr genau das eigene Profil des einen wie des anderen Auftrags. Die Mönchsfamilie braucht ihren Vater ganz, der sie in ihrem

Dienst der Anbetung und der täglichen Arbeit zusammenhält, damit sie wahrhaft eine »Schule des Dienstes für den Herrn« sei, wie Benedikt es formuliert. Der Bischof aber muß mit seinem missionarischen Auftrag immerfort zu den Menschen gehen können. Auch dieser Entscheid hat Wolfgang und sein Bistum reicher zurückgelassen. Der Bischof ist dadurch nicht weniger geworden, sondern freier für seinen Auftrag. So kann auch diese zweite wichtige Entscheidung Wolfgangs nicht nur ein Lehrstück darüber sein, daß Verzichte heilend sind; auch über den Zusammenklang von Ordensleben und christlichem Dienst in der Welt könnten wir davon lernen.

Der Rang eines Menschen zeigt sich wohl am meisten daran, was er anderen Menschen zu geben, wie er andere Menschen zu formen vermag. Wolfgang hat nicht durch Bücher weitergewirkt, sondern durch Menschen, denen er seine Kraft des Glaubens und seine aus dem Glauben kommende Menschlichkeit mitgeteilt hat. Es würde zu weit führen, hier aufzuzählen, welche Ausstrahlung Regensburg durch den Schülerkreis Wolfgangs gewonnen hat. Sein Lieblingsschüler Tagino wurde Erzbischof von Magdeburg; die Bischofsstühle von Trier, Merseburg und Lüttich wurden mit Schülern des heiligen Wolfgang besetzt. Eine Reihe von Abteien suchte sich ihren geistlichen Vater in St. Emmeram zu Regensburg. Kaiser Heinrich II., der Heilige, wurde von Wolfgang erzogen. Als eine besonders schöne Fügung muß es erscheinen, daß seine Schülerin Gisela Gemahlin des heiligen Königs Stephan von Ungarn werden durfte und daß so in einer neuen Generation die Verchristlichung Ungarns gelang, um die Wolfgang selbst sich vergeblich gemüht hatte.

»Selig, die den Herrn fürchten und auf seinen Wegen wandeln«, sagt uns der Psalm (vgl. Ps 33,18). Jeder Mensch will glücklich werden. Aber wie kann es gelingen? Wenn wir auf Wolfgang hinschauen, fallen zuerst vor allem die Verzichte ins Auge. Er nimmt das Bischofsamt nicht an. Er sucht die Verborgenheit des Mönchtums, seine Stille und seinen Frieden. Aber er muß aufbrechen und nun eben Bischof werden. Er muß gleichsam auf sein eigenes Leben verzichten und das Gepäck der anderen auf sich nehmen, weil der Herr ihn dafür will. Ist er so etwa am Glück vorbeigegangen? Hat er etwa am eigenen Leben vorbeigelebt?

Das Gegenteil ist der Fall. Wer sich sucht, verliert sich. Wer immer nach sich umschaut, dem geht es wie Lots Weib: Er wird sauer, zu lauter Salz. Wolfgangs Lebensentscheid hieß: Unter der Führung des Evangeliums die Wege gehen, die der Herr uns zeigt. Und so ist er, eben weil er nicht nach sich umsah, geradewegs in die Verheißung des Psalms hineingegangen. Weil er viel gegeben hat, weil er *sich* gegeben hat, darum war er ein innerlich reicher und glücklicher Mensch – ein Mensch, von dem ein großes inneres Leuchten ausging und ausgeht. Wolfgang ist ein glaubwürdiger Hirte – mehr: ein heiliger Mensch. Ihm dürfen wir vertrauen. Er zeigt den richtigen Weg.

Zu Füßen des Petersdomes
(Tafel 6, Seite 14)

Der Platz des »Campo santo teutonico«, des deutschen Friedhofs zu Rom, gehörte einst zum Zirkus des Nero, der bis weit auf den heutigen Petersplatz reichte. Hier ist der Ort, an dem die ersten Märtyrer Roms für Christus gestorben sind. Nero machte den Tod zum Schauspiel, indem er die einen als lebendige Fackeln verbrennen ließ, andere in Tierhäute einnähte und wilden Hunden vorwarf, von denen sie zerrissen wurden. Ganz nahe liegt auch der Friedhof, auf dem Petrus begraben wurde und von dem man nun große Teile unter der Peterskirche besichtigen kann. Der Ort, an dem Nero sein makabres Spiel mit dem Tode trieb, ist für die Christen ein heiliger Ort geworden: Der Tyrann endete durch Selbstmord, aber auch das vermeintlich unzerstörbare römische Reich ging unter. Der Glaube der Märtyrer, der Glaube des Petrus überlebte die Tyrannen und überlebte das römische Reich. Er erwies sich als die Kraft, die in allen Untergängen imstande war, eine neue Welt aufzubauen.

Etwa um das Jahr 800 haben die Franken, nunmehr die Vormacht des Westens, hier einen Friedhof begründet, auf dem sie ihre Rompilger bestatteten; daraus ist dann der Friedhof der Deutschen in Rom geworden. Es ist nicht schwer zu erraten, was die Franken sich dabei gedacht haben: Das Grab des Petrus war kein gewöhnliches Grab. Es war das

Zeugnis für die stärkere Macht Jesu Christi, die über den Tod hinausreicht. So steht hier über dem Tod das Zeichen der Hoffnung: Wer sich an dieser Stelle begraben läßt, hält sich an der Hoffnung, am siegreichen Glauben Petri und der Märtyrer fest. Das Petrusgrab spricht wie jedes Grab von der Unausweichlichkeit des Sterbens, aber es spricht vor allem von der Auferstehung. Es sagt uns, daß Gott stärker ist als der Tod und daß, wer in Christus hineinstirbt, ins Leben hineinstirbt. Man wollte sich in der Nähe von Petrus, in der Nähe der Märtyrer betten, um im Tod und bei der Auferstehung in guter Gesellschaft zu sein. Man verband sich den Heiligen und verband sich so der rettenden Macht Jesu Christi selbst. Die Gemeinschaft der Heiligen umspannt Leben und Tod: An ihr hält man sich gerade im Sterben fest, um nicht ins Leere zu fallen; um von ihnen hinaufgezogen zu werden ins wahre Leben; um gleichsam in ihrer Gesellschaft vor dem Richter nicht allein zu sein und durch ihr Mitsein in der Stunde des Gerichtes bestehen zu können.

So ist der Friedhof, der Ort der Trauer und der Vergänglichkeit, ein Ort der Hoffnung geworden. Wer sich hier begraben läßt, sagt damit: Ich glaube dir, Christus, dem Auferstandenen. Ich halte mich fest an dir. Ich komme nicht allein, in der tödlichen Einsamkeit dessen, der nicht lieben konnte; ich komme in der Gemeinschaft der Heiligen, die mich auch im Tod nicht läßt. Diese Umwandlung des Ortes der Trauer in einen Ort der Hoffnung sieht man auch an der äußeren Gestalt dieses Friedhofs, der christlichen Friedhöfe überhaupt: Blumen und Bäume zieren ihn; Zeichen der Liebe und der Verbundenheit schmücken ihn. Er ist wie ein Garten, ein kleines Paradies des Friedens in einer friedlosen Welt und so ein Zeichen des neuen Lebens.

Friedhof als Ort der Hoffnung: das ist christlich. Das ist angewandter Glaube der Märtyrer, angewandter Auferstehungsglaube. Aber wir müssen hinzufügen: Die Hoffnung hebt die Trauer nicht einfach auf. Der Glaube ist menschlich, und er ist ehrlich. Er gibt uns einen neuen Horizont, den großen und tröstenden Blick ins Weite des ewigen Lebens. Aber er läßt uns zugleich an dem Ort stehen, an dem wir sind. Wir brauchen die Trauer nicht zu verdrängen, wir nehmen sie an, und durch den Blick ins Weite verwandelt sie sich langsam und reinigt so auch uns selber, macht uns sehender für das Heute und für das Morgen. Es war sehr menschlich, daß die Liturgie früher in der Totenmesse das Halleluja ausließ und der Trauer recht deutlich ihren Raum gab. Wir können nicht einfach das Jetzt unseres Lebens überspringen. Nur indem wir die Trauer annehmen, können wir lernen, die Hoffnung in der Finsternis zu entdecken.

Diese Zusammenhänge drücken sich sehr einprägsam aus in der Kirche, die zu diesem Friedhof gehört. Sie ist der schmerzhaften Muttergottes zugeeignet, die im Italienischen *Madonna della Pietà*, unsere Liebe Frau vom Mitleiden heißt. Wer hätte fester an die Auferstehung glauben können als Maria? Wer hätte der Hoffnung gewisser sein können als sie? Aber sie leidet, trotz ihrer Auferstehungsgewißheit schmerzt sie der Tod, ist der Augenblick des Karfreitags unsagbar dunkel. Sie leidet als Liebende. Mitliebend ist sie mitleidend. Auf dem Hochaltarbild der Kirche ist Maria dargestellt, wie sie sich über den Leichnam des Sohnes beugt, der von zwei Männern getragen wird. Ihr Gesicht ist voller Trauer, aber auch voller Güte. Der Schmerz kommt aus der Güte und ist darum ohne Bitterkeit, ohne Anklage. Von diesem Bild lassen wir uns trösten. Von diesem Bild lernen wir, daß Trauer, daß angenommener Schmerz reiner und reifer macht und uns hilft, die Perspektiven des Lebens besser zu sehen: Er lehrt uns, immer mehr uns dem Ewigen zuzuwenden. Er hilft uns, mitliebend und mitleidend zu sein mit denen, die da Leid tragen.

So ist die Botschaft dieses Friedhofs vielgestaltig. Er erinnert uns an den Tod und an das ewige Leben. Er redet zu uns aber gerade auch von diesem unseren gegenwärtigen Leben, von unserem Alltag. Er ermutigt uns, an das Vergängliche und an das Unvergängliche zu denken. Er lädt uns ein, die Maßstäbe und das Ziel nicht aus dem Auge zu verlieren. Nicht, was wir haben, zählt, sondern was wir *vor Gott* und *für die Menschen sind* – das zählt. Der Friedhof lädt uns ein, so zu leben, daß wir nicht aus der Gemeinschaft der Heiligen herausfallen. Er lädt uns ein, im Leben das zu suchen und das zu sein, was im Tod und in der Ewigkeit bestehen kann.

Stätten der Hoffnung –
Die römischen Katakomben
(Tafel 7, Seite 15)

Auf der Straße der Gräber sind wir in das Land der Vergangenheit gewandert: So hat der große Erforscher versunkener Kulturen, Johann Jakob Bachofen, im vorigen Jahrhundert den Weg seiner Wissenschaft beschrieben. Seit es überhaupt Menschen gibt, haben sie sich um ihre Toten gekümmert, ihnen durch ihre Fürsorge eine Art von zweitem Leben zu geben versucht. So ist in der Welt der Toten die vergangene Welt der ehemals Lebendigen erhalten geblieben; der Tod hat bewahrt, was das Leben nicht zu bewahren vermochte. Wie Menschen lebten, was sie liebten, was sie fürchteten, was sie hofften und was sie verabscheuten – nirgends erfahren wir es so genau wie aus den Gräbern, die uns als Spiegel ihrer Welt geblieben sind. Und nirgendwo erleben wir die frühe Christenheit so nahe und so gegenwärtig wie in den Katakomben: Wenn wir durch ihre dunklen Gänge wandern, ist es, als ob wir selbst die Zeitenlinie durchschritten hätten und von denen angeschaut würden, die hier ihren Schmerz und ihre Hoffnung aufbewahrt haben.

Warum eigentlich ist das so? Es mag viele Gründe geben; der eigentliche ist wohl doch, daß der Tod uns heute genauso angeht wie damals, und wenn uns soviel Damaliges fremd geworden ist – der Tod ist der gleiche geblieben. In den oft ungelenken Inschriften, die Eltern ihren Kindern, Gatten einander gewidmet haben, in dem Schmerz und in der

Zuversicht, die daraus sprechen, erkennen wir uns selber wieder. Mehr noch: vor der dunklen Frage des Todes suchen wir alle nach einem Anhalt, der uns hoffen läßt, nach einer Wegweisung, nach einem Trost. Wer durch die Straßen der Katakomben geht, wird nicht nur in die Solidarität aller menschlichen Trauer hineingezogen, die sich darin ausspricht: Er kann gar nicht die Melancholie des Vergangenen allein aufnehmen, so vollständig ist sie bis auf den Grund hin von der Gewißheit der Erlösung durchtränkt. Diese Todesstraße ist in Wirklichkeit ein Weg der Hoffnung; wer sie geht, dem teilt sich unweigerlich etwas von der Hoffnung mit, die hier aus allen Bildern und allen Worten spricht.

Mit alledem ist freilich über unser Verhalten zum Tod noch recht wenig gesagt. Warum eigentlich fürchten wir uns vor dem Tod? Warum hat die Menschheit nie glauben mögen, daß hinter ihm schlechthin nichts mehr kommt? Es gibt viele Gründe. Wir fürchten uns vor dem Tod zunächst einfach, weil wir Angst vor dem Nichts haben, vor dem Hinaustreten ins völlig Unbekannte. Wir lehnen uns gegen ihn auf, weil wir nun einmal nicht glauben können, daß so viel Großes und Sinnvolles, das in einem Leben gewachsen ist, plötzlich ins Nichts zerfallen soll. Wir wehren uns gegen ihn, weil Liebe Ewigkeit verlangt und weil wir die Zerstörung der Liebe nicht hinnehmen können, die er mit sich bringt. Wir fürchten ihn, weil keiner das Gefühl ganz abschütteln kann, daß es ein Gericht geben werde, vor dessen Nähe uns die Erinnerung all unseres Versagens unbeschönigt aufsteigt, die wir sonst so geschäftig zu verdrängen wissen. Die Frage des Gerichts hat der Grabkultur aller Epochen ihren Stempel aufgedrückt. Die Liebe, die den Toten umgibt, soll ihn schützen; daß ihn so viel Dank begleitet, kann beim Gericht nicht ohne Wirkung bleiben – so dachten und denken die Menschen.

Wir aber heute sind rational geworden, so meinen wir wenigstens. Wir gehen nicht aufs Ungefähre, wir wollen Bestimmtes. Daher will man auch die Frage des Todes nicht auf die Weise des Glaubens lösen, sondern mit nachprüfbaren, empirischen Erkenntnissen. So sind vor einiger Zeit Berichte von klinisch Toten zu einer schaurig-schönen Lieblingslektüre geworden, die freilich wieder im Abklingen begriffen ist. Die Beruhigung, die sie mitteilten, trägt nicht weit. Es mag ja ganz amüsant sein, für einige Stunden irgendwo im Zimmer über sich selbst zu schweben und heiter und gerührt auf seinen eigenen Leichnam und die trauernden Hinterbliebenen herunterzuschauen, aber eine Ewigkeit lang kann man sich auf diese Weise gewiß nicht beschäftigen. Auf der Suche nach dem Empirischen ist man inzwischen wieder vielfach dabei, ins ganz Archaische zurückzufallen, im Spiritismus unter mehr oder weniger wissenschaftlich verkleideten Formen direkten Kontakt mit der Welt jenseits des Todes zu suchen. Doch auch da sind die Aussichten trübe. Denn was man finden kann, sind nur Duplikate unseres hiesigen Lebens. Aber welchen Sinn sollte es eigentlich haben, ortlos und endlos noch einmal so weiterexistieren zu müssen? Das ist in Wirklichkeit eine exakte Beschreibung der Hölle. Ein zweites, nicht mehr befristetes Doppel unseres bisherigen Lebens wäre in der Tat Verdammnis auf immer. Unser irdisches Leben hat seinen zeitlichen Rahmen, und so kann man es bestehen; ewig könnte man es nicht ertragen. Aber was dann eigentlich? Den Tod wollen wir nicht, und das Leben, das wir kennen, wollen wir nicht auf immer. Ist der Mensch ein Widerspruch in sich selbst, ein Irrtum der Natur?

Wandern wir mit diesen Fragen im Herzen noch einmal die Wege der Katakomben entlang. Nur wer im Tod Hoffnung erkennen kann, kann auch das Leben aus Hoffnung führen. Was hat den Menschen, die hier die Chiffren ihres Glaubens hinterlassen haben, die Möglichkeit so heiterer Zuversicht gegeben, die im Dunkel der unterirdischen Gänge uns noch heute anspricht? Zunächst: sie waren sich völlig im klaren darüber, daß der Mensch für sich allein genommen, gänzlich aufs empirisch Faßbare beschränkt, keinen Sinn ergibt. Sie waren sich auch im klaren darüber, daß eine bloße Verlängerung unserer jetzigen Existenz ins Unbegrenzte hinein absurd wäre. Wenn schon in dieser Zeitlichkeit Isolation tödlich ist und nur das Sein-in-Beziehung, die Liebe, uns trägt, dann kann ewiges Leben nur in einer ganz neuen Totalität der Liebe, die alle Zeitlichkeit überschreitet, Sinn haben. Weil die Christen von damals dies wußten, sahen sie auch, daß der Mensch nur verständlich ist, wenn es Gott gibt. Wenn es Gott gibt – für sie war dieses »Wenn« kein Wenn mehr, und darin allein liegt die Lösung. Gott war aus seiner unbekannten Ferne heraus und in ihr Leben hineingetreten in dem, der sagte: »Ich bin die Auferstehung und das Leben« (Joh 11,25). Und noch andere Worte leuchteten in das Dunkel des Todes hinein: »Ich bin der Weg, die Wahrheit und das Leben« (Joh 14,6). In die Angst des Gerichts fiel Licht aus dem, was Jesus dem gekreuzigten Gewalttäter von seinem eigenen Kreuz her gesagt hatte: »Heute noch wirst du mit mir im Paradiese sein« (Lk 23,43). Vor allem: er war auferstanden, und er hatte gesagt: »Im Haus meines Vaters sind viele Wohnungen... Ich gehe voraus, euch dort einen Platz zu bereiten« (Joh 14,2). Gott war nicht mehr ein fernes Wenn – er war da. Es gab ihn wirklich. Er hatte sich gezeigt, und er war zugänglich.

Dann aber löste sich alles andere von selbst. Denn wenn es Gott gibt und wenn dieser Gott den Menschen gewollt hat und will, dann ist klar, daß seine Liebe das kann, was die unsere vergeblich will: den Geliebten über den Tod hinaus am Leben halten. Unsere Friedhöfe mit ihren Zeichen der Anhänglichkeit und Treue sind eigentlich solche Versuche der Liebe, den anderen irgendwie festzuhalten, ihm noch ein Stück Leben zu geben. Und ein wenig lebt er ja auch wirklich noch in uns fort – nicht er selbst, aber etwas von ihm. Gott kann mehr festhalten – nicht nur Gedanken, Erinnerungen, Nachwirkungen, sondern einen jeden als ihn selbst. So gewannen für die Christen auch die Anläufe der alten Philosophie ihren Sinn. Sie hatte gesagt: Wenn du über den Tod hinaus bestehen willst, dann mußt du möglichst viel von dem in dich aufnehmen, was ewig ist: Wahrheit, Gerechtigkeit, das Gute. Je mehr du davon in dir hast, desto mehr bleibt von dir, desto mehr bleibst du. Oder besser: du mußt dich an dies Ewige hängen, so daß du ihm zugehörst und an seiner Ewigkeit teilnimmst. Sich an die Wahrheit hängen und so dem Unzerstörbaren zugehören – das wird nun ganz real und ganz nahe: Hänge dich an Christus, er trägt dich durch die Nacht des Todes, die er selbst durchschritten hat. So gewinnt Unsterblichkeit Sinn. Sie ist nun nicht mehr eine endlose Dublette des Jetzigen, sondern ganz Neues und doch wirklich *unsere* Ewigkeit: In den Händen Gottes sein und so eins mit allen Geschwistern, die er uns geschaffen, eins mit der Schöpfung – das ist erst das wirkliche Leben, auf das wir jetzt nur aus Nebeln hinblicken. Ohne Antwort auf die Gottesfrage bleibt der Tod ein grausames Rätsel, und jede andere Antwort führt ins Widersprüchliche. Wenn aber Gott ist, der Gott, der sich in Jesus Christus gezeigt hat, dann gibt es ewiges Leben, und dann ist auch der Tod eine Straße der Hoffnung.

Diese neue Erfahrung ist es, die den Katakomben ihr besonderes Gepräge gibt. Soviel von den Bildern durch die Ungunst der Zeiten auch zerbröckelt oder verblaßt ist, über die Jahrhunderte hin haben sie nichts von dem Glanz und – vor allem: – von der Wahrheit der Hoffnung verloren, aus der sie geboren sind. Da sind die Jünglinge im Feuerofen; Jona, der aus dem Bauch des Ungeheuers wieder ans Licht geworfen wird; Daniel in der Löwengrube und viele andere; am schönsten der gute Hirt, dessen Führung man sich angstlos anvertrauen kann, weil er den Weg weiß, auch durch das finstere Tal des Todes. »Der Herr ist mein Hirte. Nichts wird mir fehlen... Muß ich auch wandern inmitten der Schatten des Todes, ich fürchte kein Unheil, denn du bist bei mir...« (Ps 22,1.4; LXX).

Textquellennachweis

Ochs und Esel an der Krippe – In: J. Ratzinger, Licht, das uns leuchtet, Herder Freiburg · Basel · Wien 1978, S. 25-37; hier in erweiterter Fassung.

Die Weihnachtsbotschaft in der Basilika Santa Maria Maggiore zu Rom – In: M. Schneider / W. Berschin (Hg.), Ab oriente et occidente. Kirche aus Ost und West. Gedenkschrift für W. Nyssen, EOS St. Ottilien 1996, S. 361-366.

»Vorsitz in der Liebe«. Der Cathedra-Altar von St. Peter zu Rom – In: E. Kleindienst / G. Schmuttermayr (Hg.), Kirche im Kommen. Festschrift für Bischof J. Stimpfle, Propyläen Berlin 1991, S. 423-429.

»Die Botschaft hör ich wohl...« – Bisher nur in Zeitungen gedruckt.

Das Lachen Saras – Unter dem Titel »Das Lamm erlöste die Schafe. Betrachtungen zur österlichen Symbolik« in: J. Ratzinger, Schauen auf den Durchbohrten. Versuch einer spirituellen Christologie, Johannes-Verlag Einsiedeln ²1990, S. 93-101.

Der Heilige Geist und die Kirche – In: A. Coreth / I. Fux, Servitium pietatis. Festschrift für Kardinal Groer zum 70. Geburtstag, Salterrae Maria Roggendorf 1989, S. 91-97.

Alle anderen: Bisher nicht in gedruckter Form veröffentlicht.